《和谐社会构建中的农民工权益保护》
编写委员会

主　编：李中元

副主编：
李书琴
郭平珍

写作组：（按姓氏笔画为序）

马绍明　　王华梅

刘碧田　　李书琴

张　寒　　侯玉花

郭平珍　　秦永雄

常　瑞　　温万名

主　编　李中元
副主编　李书琴
　　　　郭平珍

和谐社会构建中的农民工权益保护

改革开放以来农民工流动就业政策演变
金融危机对农民工流动就业的影响
农民工流动就业问题
农民工法律援助问题
农民工养老问题
农民工社会保险问题
农民工子女义务教育问题

山西出版集团　山西人民出版社

图书在版编目(CIP)数据

和谐社会构建中的农民工权益保护 / 李中元主编—
太原:山西人民出版社,2010.8(2011.6 重印)
ISBN 978-7-203-06910-2

Ⅰ.①和… Ⅱ.①李… Ⅲ.①农民—劳动就业—劳动
法—基本知识—中国 Ⅳ.①D922.5

中国版本图书馆 CIP 数据核字(2010)第 159924 号

和谐社会构建中的农民工权益保护

主 编:李中元
责任编辑:员荣亮
装帧设计:谢 成

出 版 者:山西出版集团·山西人民出版社
地 址:太原市建设南路 21 号
邮 编:030012
发行营销:0351-4922220 4955996 4956039
       0351-4922127 (传真) 4956038(邮购)
E - mail: sxskcb@163.com 发行部
        sxskcb@126.com 总编室
网 址:www.sxskcb.com

经 销 者:山西出版集团·山西人民出版社
承 印 者:太原市方正印刷有限公司

开 本:880mm×1230mm 1/32
印 张:6.75
字 数:124 千字
印 数:8001—16000 册
版 次:2010 年 8 月 第 1 版
印 次:2011 年 6 月 第 3 次印刷
书 号:ISBN 978-7-203-06910-2
定 价:28.00 元

如有印装质量问题请与本社联系调换

序

　　自 20 世纪 80 年代末以来，中国农民中的许多人，毅然抛弃沿袭了几千年的传统生活方式，浩浩荡荡地闯进城市谋生，成为城市里的农民工。这些数以亿计的农民工，以其卓绝的吃苦耐劳和非凡的智慧，为中国经济和社会发展特别是中国的城市建设做出了巨大的贡献。然而，由于种种原因，这些农民工在城市求职和劳动过程中，却被无情地推向城市体制的边缘，这种边缘性特征直接导致了农民工在就业机会、工资待遇、生活条件、社会福利等方面的合法权益不时地被侵害，使他们成为城市边缘的弱势群体。他们在权利上的弱势地位与他们对城市经济建设的贡献形成了巨大的反差，这种反差潜藏着严重的社会问题，如不能逐步有效妥善地加以解决，不仅会对城市的进一步发展造成负面影响，甚至会对整个中国经济和社会发展造成不可估量的影响。因此,真正依法保障和保护农民工的合法权益已成为中国政党、政府和社会各界普遍关注的重大问题。党的"十七大"报告中明确指出,要"规范和协调劳动关系,完善和落实国家对农民工的政策,依法维护劳动者权益"。可见,对这一问题进行研究是时代向我们提出的重大课题。

我们正是怀着沉重的使命感来研究农民工权益保护这一重大问题的。本课题以农民工生活生存状况为着眼点,对农民工流动就业中存在的问题、农民工法律援助中存在的问题、农民工就业培训中存在的问题、农民工养老保障中存在的问题、女性农民工特殊权益保护问题、农民工子女义务教育问题等多个方面进行了深入的研究、探讨。

在课题的研究过程中,课题组用平等权这一基本的宪法权利,从不同的角度探究了农民工在生产、生活中遇到的问题,并提出了相应的对策。如就农民工在流动就业中存在的问题,提出:第一,加大政策扶持力度,为农民创业、就业创造更多机会;第二,构建城乡平等统一的劳动力就业市场;第三,发展和规范农村劳动力市场,加大对农民工的教育培训;第四,发展农村经济,吸引农民工返乡创业和让更多的劳动力就地消化。就农民工法律援助中存在的问题，提出：第一，根本改革我国的户籍制度；第二，推动政府落实法律援助责任，解决农民工法律援助经费保障问题。就农民工养老保障中存在的问题，提出：第一，重新制定农民工在城镇参加保险的缴费基数、缴费比率；第二，充分利用农民工在农村的承包地；第三，加大中央与地方对农民工养老保障的财政投入。就农民工社会保险中存在的问题，提出：第一，可建立不同类型农民工的社会保险体系；第二，可分险种按顺序建立农民工社会保险；第三，应加大对企业为农民工办理社会保险的监督力度、惩处力度。就女性农民工特殊权益保护中存在的问题，提出：第一，可建立女性农民工特殊劳动保护费用的社会统筹系统；第二，加大政府部门对女性农民工特殊劳动保护工作的力度；第三，充分发挥工会、妇联等组织在女性农民工特殊劳动保护中的作用。就我国农民工子女义务教育中存在的问题，提出：第一，全国应设立"教育券"，实行钱随人走的新举措；第二，流入地政府应转变观念，积极接纳农民工子女入学；第三，地方政府应扶持打工子弟学校，监督公办学校；第四，公办学校应完善评价体系，公正对待农民工子女。

我们试图通过本课题研究，能够为农民工权益保护找到正常途径,为农村劳动力转移和促进城乡协调发展提供前瞻性参考。

也许我们的研究还不够深入,我们的表述还有种种欠缺,但这本书至少是我们关注时代、关注国家民族命运的一种方式。我们将继续肩负我们的责任沿着这一方向深入研究下去,为保护农民工的合法权益、为我国的法制建设,进而为构建社会主义和谐社会做出我们社科人应有的贡献。

是为序。

山西省社会科学院党组书记、院长 李中元

2010 年 6 月

目 录

专题一　改革开放以来农民工流动
就业政策演变

　　农民工是我国城乡二元结构体制的产物。改革开放前,国家对农民进城进行了严格的控制,农民几乎没有自由流动到城市的可能。改革开放后,随着经济体制的改革和市场经济体制的建立,国家和政府逐步认识到农村剩余劳动力合理流动的重要性,农村劳动力向城市流动和进城就业政策的演变过程也正是我国经济社会发展变化的深刻反映,是党和政府对农民工现象和农民工问题认识逐步深化的具体体现。以农民工流动就业的政策为主线,改革开放后,我国农民工政策先后经历了一个由紧到松、从无序到规范、由限制歧视到鼓励保护的过程,大致可分为五个阶段。

　　一、1979—1983 年:严格限制农民流动和进城就业阶段

　　改革开放初期,我国农村实行了家庭联产承包责任制,大大解放了农村生产力,农民开始向多元经济方向发展。但由于计划经济时期形成的发展战略和城乡隔绝的户籍制度及就业体制限制,加上国内农副产品供应不足,远远不能满足劳动力流动的需要,因此,限制农村劳动力流动和进城就业的文件、政策纷纷出台。

1979 年 4 月,国务院批转国家计委《关于清理压缩计划外用工的办法》,要求对来自农村的临时工、合同工、协议工、亦工亦农人员坚决进行清退,今后不得再使用。

1980 年,中共中央、国务院在《关于进一步做好城镇劳动就业工作的意见》中指出,对农村剩余劳动力,要采取发展社队企业和城乡联办企业等办法加以吸收,并逐步建设新的小城镇。要控制农业人口盲目流入大中城市,控制吃商品粮人口的增加。要压缩、清退来自农村的计划外用工。确需从农村招工的,要从严控制,须经省(市、自治区)人民政府批准。

1981 年,中共中央、国务院在《关于广开门路,搞活经济,解决城镇就业的若干决定》中提出,对农村多余劳动力通过发展多种经营和社队企业,就地适当安置,不使其涌入城镇。对于农村人口,劳动力迁入城镇,应当按照政策从严掌握。农村人口迁入城镇的,要严格履行审批手续,公安、粮食、劳动等部门要分工合作把好关,不要政出多门。要严格控制使用农村劳动力,继续清退来自农村的计划外用工。

1981 年 12 月,国务院又发出了《关于严格控制农村劳动力进城做工和农业人口转为非农业人口的通知》,要求严格控制从农村招工,认真清理企业、事业单位使用的农村劳动力,加强户口和粮食管理。

二、1984—1988 年：适度允许农民进入集镇和非农就业阶段

80 年代中期，我国开始实行有计划的商品经济。由于农业生产率提高，农产品产量大幅度增长，在国家税收和其他政策支持下，乡镇企业迅速发展起来，加上城市开始启动经济体制改革，对农村劳动力的需求增加，为我国农村剩余劳动力的转移和非农就业创造了条件。国家限制城乡人口流动的就业管理制度开始松动，出台了一系列政策和措施，允许农民自筹资金、自理口粮进入城镇务工经商，鼓励到艰苦行业就业和贫困地区的劳务输出，使农村劳动力的转移和流动进入了一个较快增长的时期。这一阶段，以乡镇企业为主体，以小城镇为依托，以"离土不离乡"为特征的就地转移模式是农村剩余劳动力流动的主要方式。

1984 年 1 月，中共中央、国务院《关于 1984 年农村工作的通知》（"一号文件"），允许务工、经商、办服务业的农民自理口粮到集镇落户。这是农村劳动力流动及就业政策变动的一个标志。

1984 年 10 月，国务院在《关于农民进入集镇落户问题的通知》中进一步指出，农民进入集镇务工、经商、办服务业，对促进集镇的发展，繁荣城乡经济，具有重要的作用，对此应积极支持。凡申请到集镇务工、经商、办服务业的农民和家属，在集镇有固定住所，有经营能力，或在乡镇企事业单位长期务工的，公安部门应准予落户，

及时办理入户手续,发给《自理口粮户口簿》,统计为非农业人口。粮食部门要做好加价粮油的供应工作,可发给《加价粮油供应证》。地方政府要为他们的建房、买房、租房提供方便。乡镇人民政府和村民委员会对其留住农村的家属不得歧视;对到集镇落户的要事先办好承包土地的转让手续,不得撂荒;一旦因故返乡的应准予迁回落户,不得拒绝。

另外,国家允许矿山、建筑、交通运输等艰苦行业和工种使用农民合同制工人或农民轮换工。如1984年6月,国务院在《矿山企业实行农民轮换工制度试行条例》中规定,全民所有制矿山企业所需劳动力,除了技术复杂的工种外,应该逐步实行农民轮换工。类似规定还有经国务院批准、劳动人事部和城乡建设环境保护部发布的《国营建筑企业招用农民合同制工人和使用农村建筑队暂行办法》,劳动人事部发布的《交通、铁路部门装卸搬运作业实行农民轮换工制度和使用承包工试行办法》,铁道部发布的《关于实行农民轮换工制度的暂行规定》等。

1985年1月,中共中央、国务院《关于进一步活跃农村经济的十项政策》("一号文件")进一步提出,要扩大城乡经济交往,允许农民进城开店设坊,兴办服务业,提供各种劳务,城市要在用地和服务设施方面提供便利条件。

1988年7月,劳动部、国务院贫困地区经济开发领导小组《关于加强贫困地区劳动力资源开发工作的通知》指出,将大力组织劳务输出,作为贫困地区劳动力资源开发的重点。按照"东西联合,城乡结合,定点挂钩,长期协作"的原则,组织劳动力跨地区流动。沿海经济发达地区、大中城市的劳动部门要有计划地从贫困地区吸收劳动力,要动员和组织国营企业招用一部分贫困地区的劳动力;鼓励和支持大中型企业与贫困地区建立挂钩联系,共同创办劳务基地,发展长期劳务合作。

但需要指出的是,国营企业招用计划内农村劳动力仍然受到严格限制。1986 年 7 月,国务院《关于国营企业招用工人的暂行规定》中规定,企业招用工人,应当在城镇招收。需要从农村招收工人时,除国家规定的以外,必须报经省、自治区、直辖市人民政府批准。

三、1989—1991 年:从严控制农民盲目进城就业阶段

80 年代末 90 年代初,由于治理经济环境、整顿经济秩序以及乡镇企业新增就业机会减少,加上农民收入增长连年下降等原因,农民特别是欠发展地区的农民大量涌入城市,形成"民工潮",城市的就业、交通、治安、卫生等面临巨大压力。对此,国家除了对计划内农村劳动力继续采取限制政策外,加强了对计划外使用的农村劳动力的清退工作,从严控制农村劳动力向城市转移,加强了对盲目流入城市的农民的管理工作。

1989 年 3 月,国务院办公厅发出了《关于严格控制

民工外出的紧急通知》,要求各地人民政府采取有效措施,严格控制当地民工外出。

1989年4月,民政部、公安部又发出了《关于进一步做好控制民工盲目外流的通知》,要求各地政府采取有效措施,严格控制当地民工盲目外流。

1990年4月,国务院在《关于做好劳动就业工作的通知》中规定,要合理控制农村劳动力的转移,减轻城镇就业负担。对农村富余劳动力,要引导他们"离土不离乡",因地制宜发展林牧渔副业。要继续办好乡镇企业,开展各种服务业,搞好农村经济,使农村富余劳动力就地消化和转移,防止出现大量农村劳动力盲目进城找活干的局面。对农村劳动力进城务工,要运用法律、行政、经济的手段并做好宣传教育,实行有效控制,严格管理,确定一个时期内城市招用农村劳动力的规划,由劳动部门本着从严的精神负责统一审批,并建立临时务工许可证和就业登记制度,加强对单位用工的监督检查。对现有计划外用工,要按照国家政策做好清退工作,重点清退来自农村的计划外用工,使他们尽早返回农村劳动,严格控制"农转非"过快增长,把"农转非"纳入国民经济与社会发展规划,实行计划指标管理,认真遵照国家有关政策规定审批。对自行规定政策或放宽条件、扩大"农转非"范围的要抓紧进行清理整顿。

1991年2月,国务院办公厅发出《关于劝阻民工盲目去广东的通知》,要求各地人民政府要从严或暂停办理民工外出务工手续。回乡过节民工，如果没有签订续聘合同，要劝阻他们不要盲目进粤寻找工作。返回工作岗位的民工不要盲目带人到广东。对大量南下在途的民工，有关地区各级人民政府要组织力量，切实采取措施，就地进行劝阻，并及时通报广东省人民政府。

1991年，民政部也作出《关于进一步做好劝阻外流灾民工作的通知》，要求灾民流出区和灾民流入区，要综合运用行政、经济和法律手段，做好防止灾民外流和劝阻劝返外流灾民工作，把灾民外流带来的影响减少到最低限度。对灾区外流灾民，当地一律不得发给救灾款物；对乱开证明、纵容外流的部门，所属上级部门应追究其责任。要把长期盲流同外流灾民区别开来，对前者，应坚决收容遣送；对后者，应讲究方式方法，以免激化矛盾。

1991年5月，国务院发布《关于收容遣送工作改革问题的意见》，明确收容遣送适用对象为"三无人员"，即无合法证件、无固定住所、无稳定经济来源的人员。在执行中，"三无"变成身份证、暂住证、务工证"三证"缺一不可，"三证"不全的进城务工农民被纳入收容遣送对象范围。

四、1992—1999年：引导和调控农民工有序流动和进城务工阶段

1992年邓小平同志南巡谈话后，我国开始实行市场经济体制，经济进入高速增长期，大量农民工涌入城市。据有关部门统计，1993年全国农村外出劳动力约有

6000万人,其中流入城市的约有2000万人。1997年亚洲金融危机后,农业进行结构调整,又有大量农民进入城市务工。据国家统计局抽样调查,1998年我国农村劳动力跨省区就业时间超过半年的人数已达2200万人。之后,农民离乡外出就业平均每年以500万人左右的规模迅速增加。为此,国家开始实行宏观调控下引导农民工有序流动的政策,实施以就业证卡管理为中心的农村劳动力就业制度。1997年以后,由于城市下岗职工的大量增加,城市就业形势空前严峻,实施再就业工程成为各级政府的重要任务。在这一背景下,国家继续强调要根据城市及发达地区的需要,合理调控农村劳动力进城务工的规模,并有条件地放开了小城镇的户籍,鼓励和引导农村剩余劳动力就地就近转移。

1993年11月,中共中央《关于建立社会主义市场经济体制若干问题的决定》提出,鼓励和引导农村剩余劳动力逐步向非农产业转移和地区间有序流动。

1993年11月,劳动部《关于印发〈再就业工程〉和〈农村劳动力跨地区流动有序化——"城乡协调就业计划"第一期工程〉的通知》指出,农村劳动力转移的主要目标:主要输入、输出地区间的农村劳动力流动就业实现有序化。即输出有组织,输入有管理,流动有服务,调控有手段,应急有措施。农村劳动力转移的主要内容:建立针对农村劳动力流动就业的用工管理、监察、权益保障、管理服务基本制度,发展各种服务组织,完善信息网络和监测手段,强化区域协作和部门配合。

1993年12月,劳动部《关于建立社会主义市场经济体制时期劳动体制改革总体设想》提出,培育和发展劳动力市场的目标模式是:建立竞争公平、运行有序、调控有力、服务完善的现代劳动力市场。竞争公平,要打破统包统配的就业政策,破除妨碍劳动力在不同所有制之间流动的身份界限,劳动者自主择业、自主流动,企业自主用人,劳动力供求主体之间通过公平竞争、双向选择确立劳动关系。从长远发展来看,建立公平竞争的劳动力市场,还要逐步打破城乡之间、地区之间劳动力流动的界限。要建立农村就业服务网络,合理调节城乡劳动力流动,逐步实现城乡劳动力流动的有序化。要在"九五"时期基本取消统包统配,进一步放开城乡界限,取消职工身份界限,扩大公平竞争范围,争取在20世纪末基本形成现代劳动力市场体系。

1994年8月,劳动部《关于促进劳动力市场发展,完善就业服务体系建设的实施计划》提出,必须在短时间内建立起完善的就业服务体系。具体计划:1994年,着手华南(广东)、华东(上海)和华北(北京)三大区域劳动力市场信息中心建设,推进省际劳务协作,大力发展乡镇劳动服务网络,健全流动服务制度。1995年,在重点地区(广东、福建、山东、浙江、江苏、北京、天津、上海、四川、安徽、湖北、湖南、广西、贵州、江西、河南、河北、甘肃)形成有效的管理制度、服务手段和调控方法,使农村劳动力有组织地输出、输入,跨地区流动持证率达到60%。

1994年11月,劳动部在《农村劳动力跨省流动就业管理暂行规定》中,首次规范了流动就业证卡管理制度,即被用人单位跨省招收的农村劳动力外出之前,须持身份证和其他必要的证明在本人户口所在地的劳动就业服务机构进行登记,办理外出人员就业登记卡;到达用人单位后,须凭出省就业登记卡领取当地劳动部门颁发的外来人员就业证;证卡合一生效,简称流动就业证,作为流动就业的有效证件。

1995年,中共中央、国务院办公厅《关于加强流动人口管理工作的意见》提出,要加强疏导,促进农村剩余劳动力就地就近转移。要加强对农村剩余劳动力跨地区流动就业的调控和管理,提高劳动力跨地区流动的组织化、有序化程度。在全国实行统一的流动人口就业证和暂住证制度。

1995年,公安部颁布《暂住证申领办法》,劳动部发布《关于抓紧落实流动就业证管理制度的通知》,1996年,劳动部办公厅发布《关于"外出人员就业登记卡"发放和管理有关问题的通知》,至此,我国建立了一整套专门针对农民进城就业的证卡管理制度。

1997年6月,国务院《关于小城镇户籍管理制度改革试点方案》提出,应当适时进行户籍管理制度改革,允许已经在小城镇就业、居住并符合一定条件的农村人口在小城镇办理城镇常住户口,以促进农村剩余劳动力就近、有序地向小城镇转移。经批准在小城镇落户的人员，与当地原有居民享有同等待遇。

1997年11月，《国务院办公厅转发劳动部等部门关于进一步做好组织民工有序流动工作意见的通知》指出，我国正处于经济体制转变和经济结构调整时期，城乡都面临着巨大的就业压力。一方面，随着国有企业改革进入攻坚阶段，解决下岗职工再就业问题已成为当务之急；另一方面，农村大量剩余劳动力还需要寻找新的出路。在这种情况下，如果不进一步提高民工流动的有序化程度，既不利于企业下岗职工的再就业，也不利于农村劳动力资源的开发和利用，将损害广大人民群众的切身利益。地方各级人民政府和各有关部门对城乡劳动就业要统筹规划，合理安排，加强宏观调控。要认真贯彻落实党和国家稳定农业和保护农民利益的政策措施，鼓励和引导农村剩余劳动力就地就近转移。通知要求，地方各级人民政府和各有关部门都要从大局出发，把组织民工有序流动工作作为一件大事列入重要议事日程，实行领导目标责任制，确保各项工作的落实。

1998年6月，中共中央、国务院《关于切实做好国有企业下岗职工基本生活保障和再就业工作的通知》要求，各级党委、政府和有关部门必须把国有企业下岗职工基本生活保障和再就业工作列入重要议事日程，实行党政"一把手"负责制，并纳入政绩考核的重要内容。同时强调，要继续鼓励和引导农村剩余劳动力就地就近转移,合理调控进城务工的规模。

1998 年 10 月,中共中央《关于农业和农村工作若干重大问题的决定》再次强调,要适应城镇和发达地区的客观需要,引导农村劳动力合理有序流动。

五、2000 年以来:取消农民工进城就业的不合理限制和维护农民工合法权益阶段

进入 21 世纪,中国经济持续快速增长势头不减,但为中国城市经济体制改革提供了强大动力的农村经济社会发展却陷入滞后窘境。1997 年至 2003 年,中国农民收入连续 7 年增长不到 4%,农村各项社会事业也陷入低增长期。面对"三农"严峻形势,党中央从国民经济全局出发,对城乡发展战略和政策导向做出重大调整。增加农民收入成为新阶段农业和农村经济工作的中心任务。在农民收入增速徘徊不前之际,农民外出务工收入成为带动农民收入增加的主要支撑,是农民增收的主要亮点。2000 年,到乡外就业的农村劳动力约为 8600 万人,人均打工增收 40 元,占当年农民增收的份额高达86%。外出务工对农民增收的拉动作用,使得国家政策层面重新认识农村劳动力外出就业的作用,从而在政策上进行调整。从 2000 年开始,国家关于农民工流动和就业的政策发生了积极变化,一是赋予城乡统筹就业以新的具体含义,即取消对农民进城就业的各种不合理限制,为农民工就业不断创造宽松的环境,逐步实现城乡劳动力市场一体化,实现城乡劳动者平等就业;二是积极推进诸多方面的配套改革,包括就业、劳动保险、社会保障、户籍、教育、住房、小城镇建设等方面,维护农民工的合法权益。

2000年1月,劳动部办公厅《关于做好农村富余劳动力流动就业工作的意见》要求,建立流动就业信息预测预报制度,促进劳务输出产业化,发展和促进跨地区的劳务协作,开展流动就业专项监察,保障流动就业者合法权益。

2000年6月,中共中央、国务院《关于促进小城镇健康发展的若干意见》要求,凡在县级市市区、县人民政府驻地镇及县以下小城镇有合法固定住所、稳定职业或生活来源的农民,均可根据本人意愿转为城镇户口,并在子女入学、参军、就业等方面享受与城镇居民同等待遇,不得实行歧视性政策。对在小城镇落户的农民,各地区、各部门不得收取城镇增容费或其他类似费用。要积极探索适合小城镇特点的社会保障制度。

2000年7月,劳动保障部、国家计委、农业部、科技部、水利部、建设部、国务院发展研究中心联合发出了《关于进一步开展农村劳动力开发就业试点工作的通知》,提出改革城乡分割体制,取消对农民进城就业的不合理限制。

2001年3月,全国人大通过的《国民经济和社会发展第十个五年计划纲要》提出,要打破城乡分割体制,逐步建立市场经济体制下的新型城乡关系。改革城镇户籍制度,形成城乡人口有序流动的机制。取消对农村劳动力进入城镇就业的不合理限制,引导农村富余劳动力在城乡、地区间的有序流动。坚持城乡统筹的改革方向,推动城乡劳动力市场逐步一体化。

2001年3月,国务院批转公安部《关于推进小城镇户籍管理制度改革意见的通知》中提出,在县级市市区、县人民政府驻地镇及其建制镇有合法固定的住所、稳定的职业或生活来源的人员及与其共同居住生活的直系亲属,均可根据本人意愿办理城镇常住户口。要切实保障在小城镇落户人员在入学、参军、就业等方面与当地原有城镇居民享有同等权利,履行同等义务,不得对其实行歧视性政策。不得借户籍管理制度改革之机收取城镇增容费或其他类似费用。

2001年5月,国家计委《关于印发国民经济和社会发展第十个五年城镇化发展重点专项规划的通知》要求,统筹兼顾,促进城乡协调发展。要形成人口和生产要素在城乡间有序流动的机制,实现城乡经济社会共同进步。打破垄断和地区保护,除个别特大城市外,要改革城乡分割的就业制度,取消各地区针对农民和外地人口制定的限制性就业政策。积极开展面向城镇迁入人口的各类社会服务。要高度重视为迁入人口提供创业、就业、生活等方面的条件。中心城市要建立劳动力市场信息网络,提供求职和用人等方面的就业服务。在住房、子女教育、医疗等方面,对进城务工的农民提供普遍服务。加强实施城镇化战略意义的舆论宣传,在城市中形成接纳新市民的社会氛围,促进进城农民与城市社会的融合。

2001年11月,国家计委、财政部在《关于全面清理整顿外出或外来务工人员收费的通知》中明确指出,除证书工本费外,暂住费、暂住(流动)人口管理费、计划生育管理费、城市增容费、劳动力调节费、外地务工经商人员管理服务费、外地(外省)建筑(施工)企业管理费等行政事业性收费一律取消。证书工本费收费每证最高不得超过5元。

2002年1月,中共中央、国务院《关于做好2002年农业和农村工作的意见》("一号文件")指出,农村劳动力跨地区流动和进城务工,不仅有利于农民增加收人,而且可以方便城市居民生活,增强城市经济的活力和竞争力,促进城乡协调发展。文件第一次提出了针对农民进城务工的"十六字"方针,即公平对待、合理引导、完善管理、搞好服务,组织和引导农村富余劳动力有序流动,维护农民工的合法权益,促进农村富余劳动力向非农产业转移。

2002年11月,中共十六大关于《全面建设小康社会,开创中国特色社会主义事业新局面》的报告指出,农村富余劳动力向非农产业和城镇转移,是工业化和现代化的必然趋势。要消除不利于城镇化发展的体制和政策障碍,引导农村劳动力合理有序流动。

2003年1月,国务院办公厅发出《关于做好农民进城务工就业管理和服务工作的通知》，这是国家第一次专门就促进农民进城务工下发的综合性文件。文件全面分析了当时农民进城务工存在的问题，要求各地进一步提高对做好农民进城务工就业管理和服务工作的认识，取消对农民工进城就业的行政审批和职业工种限制，切实解决拖欠和克扣农民工工资问题，改善农民工的生产生活条件，做好农民工培训工作，高度重视农民工的生产安全和职业病防治问题，多渠道安排农民工子女就学，加强对农民工的管理。

2003 年 4 月，国务院以 375 号令公布了《工伤保险条例》，从 2004 年 1 月 1 日起开始实施。该条例首次将农民工纳入保险范围。

2003 年 6 月，国务院公布《城市生活无着的流浪乞讨人员救助管理办法》，自 2003 年 8 月 1 日起施行，同时废止了《城市流浪乞讨人员收容遣送办法》。新办法提出了全新的自愿救助的原则，取消了强制手段。这一办法终结了农民工被收容遣送的历史。

2003 年 9 月，农业部等六个部门出台了《2003—2010 年全国农民工培训规划》，明确中央和地方各级政府在财政支出中安排专项经费扶持农民工培训工作。

2003 年 9 月，国务院办公厅转发教育部等部门《关于进一步做好进城务工就业农民子女义务教育工作意见的通知》，明确进城务工就业农民流入地政府负责进城务工就业农民子女接受义务教育工作，以全日制公办中小学为主。

2003年10月,十六届三中全会通过的《关于完善社会主义市场经济体制若干问题的决定》提出,要改善农村富余劳动力转移就业的环境,逐步统一城乡劳动力市场,加强引导和管理,形成城乡劳动者平等就业制度。

2003年11月,国务院办公厅发出《关于切实解决建设领域拖欠工程款问题的通知》,提出自2004年起,用3年时间基本解决建设领域拖欠工程款以及拖欠农民工工资问题。

2003年12月,建设部等六部门联合召开电视电话会议,提出要认真清理房地产开发项目和政府投资工程拖欠的工程款;加强监察,严肃执法,努力保证农民工按时足额拿到工资;加强综合治理,从源头上防止拖欠工程款的发生。

2004年1月,中共中央、国务院《关于促进农民增加收入若干政策的意见》("一号文件")提出,进城就业的农民工已经成为产业工人的重要组成部分,为城市创造了财富、提供了税收。城市政府要切实把对进城农民的职业培训、子女教育、劳动保障及其他服务和管理经费,纳入正常的财政预算。要健全有关法律法规,依法保障进城就业农民的各项权益。进一步清理和取消针对农民进城就业的歧视性规定和不合理收费,简化农民跨地区就业和进城务工的各种手续。这是国家第一次在政策层面上对农民工的身份做出客观界定,承认农民工是工人阶级的组成部分,这是国家关于农民工问题认识的重大战略转折,对正确认识农民工和解决农民工问题,推动农民工各项权益的保障具有重大意义。

2004年3月,财政部决定,今后在城市中小学就学的农民工子女,负担的学校收费项目和标准将与当地学生一视同仁,不再收取借读费、择校费或要求农民工捐资助学及摊派其他费用。除收取每证最高不超过5元的《暂住证》工本费和《流动人口婚育证明》工本费外,其他面向进城就业农民的收费项目一律取消,并清退向农民违规收取的款项。将进城就业农民的治安管理经费纳入正常财政预算支出范围,严禁向进城就业农民或农民工所在单位收取治安联防费。开展农民工培训和技能鉴定,不得强制培训、强行收费。

2004年12月,国务院办公厅下发《关于进一步做好改善农民进城就业环境工作的通知》,要求进一步做好促进农民进城就业的管理和服务工作,包括清理和取消针对农民进城就业等方面的歧视性规定及不合理限制,开展有组织的劳务输出,完善对农民进城就业的职业介绍服务,做好对农民工的咨询服务工作,加强对农民进城就业的培训工作等。切实维护农民进城就业的合法权益,包括进一步解决拖欠农民工工资问题,加强劳动合同管理和劳动保障监察执法,及时处理农民工劳动争议案件,支持工会组织依法维护农民工的权益,做好农民工工伤保险工作。进一步健全完善劳动力市场,探索建立城乡一体化的劳动力市场。

2005年1月,中共中央、国务院《关于进一步加强农村工作,提高农业综合生产能力若干政策的意见》("一号文件")提出,全面开展农民职业技能培训工作,搞好农民转业转岗培训工作,加快农村劳动力转移。

2006年2月,中共中央、国务院《关于推进社会主义新农村建设的若干意见》("一号文件")指出,要加快转移农村劳动力,不断增加农民的务工收入。保障务工农民的合法权益:进一步清理和取消各种针对务工农民流动和进城就业的歧视性规定和不合理限制;建立健全城乡就业公共服务网络,为外出务工农民免费提供法律政策咨询、就业信息、就业指导和职业介绍;严格执行最低工资制度,建立工资保障金等制度,切实解决务工农民工资偏低和拖欠问题;完善劳动合同制度,加强务工农民的职业安全卫生保护;逐步建立务工农民社会保障制度,依法将务工农民全部纳入工伤保险范围,探索适合务工农民特点的大病医疗保障和养老保险办法;认真解决务工农民的子女上学问题。扩大农村劳动力转移培训阳光工程实施规模,提高补助标准,增强农民转产转岗就业的能力。

2006年3月,国务院下发《关于解决农民工问题的若干意见》明确指出,农民工是我国改革开放和工业化、城市化进程中出现的一支新型劳动大军,对我国现代化建设做出了重大贡献,解决农民工问题事关我国经济和社会发展全局，是建设中国特色社会主义的战略任务。进一步提出了做好农民工工作的40字原则，即：公平对待、一视同仁，强化服务、完善管理，统筹规划、合理引导，因地制宜、分类指导，立足当前、着眼长远。文件还提出了农民工工作的指导思想，其核心内容是："一个完善、三个建立"，即：着力完善政策和管理，逐步建立城乡统一的劳动力市场和公平竞争的就业制度，建立保障农民工合法权益的政策体系和执法监督机制，建立惠及农民工的城乡公共服务体制和制度。

2006年9月，全国"农民工工作座谈会"召开，明确提出了当前和今后一个时期要着力做好的十件实事，主要包括：继续清理和防止工资拖欠、合理调整最低工资标准、制订和推行劳动合同范本、指导和监督企业改善职业安全卫生环境、切实保障农民工劳动权益、推动城市公共就业服务机构普遍向农民工开放、完成年度农民工职业技能培训计划、加快推进农民工工伤保险、落实城市政府接收农民工子女入学、制定农民工计划生育管理服务指导意见。这十件实事具体明确，切合实际，可操作性强，处处体现了对农民工的关怀。

2006年10月，党的十六届六中全会上通过的《关于构建社会主义和谐社会若干重大问题的决定》中进一步强调，要逐步形成城乡一体的人才市场和劳动力市场，维护劳动者特别是农民工的合法权益。

2007年1月，中共中央、国务院《关于积极发展现代农业，扎实推进社会主义新农村建设的若干意见》（"一号文件"）提出，要加强农民转移就业培训和权益保护：加大"阳光工程"等农村劳动力转移就业培训支持力度，进一步提高补贴标准，充实培训内容，创新培训方式，完善培训机制；适应制造业发展需要，从农民工中培育一批中高级技工；鼓励用工企业和培训机构开展定向、订单培训；组织动员社会力量广泛参与农民转移就业培训；按照城乡统一、公平就业的要求，进一步完善农民外出就业的制度保障；做好农民工就业的公共服务工作，加快解决农民工的子女上学、工伤、医疗和养老保障等问题，切实提高农民工的生活质量和社会地位。

2008 年 1 月，中共中央、国务院《关于切实加强农业基础建设，进一步促进农业发展农民增收的若干意见》（"一号文件"）提出，全面加强农民工权益保障，建立统一规范的人力资源市场，形成城乡劳动者平等就业的制度；加快大中城市户籍制度改革，探索在城镇有稳定职业和固定居所的农民登记为城市居民的办法；各地和有关部门要切实加强对农民工的就业指导和服务；采取强有力的措施，建立农民工工资正常增长和支付保障机制；健全农民工社会保障制度，加快制定低费率、广覆盖、可转移、与现行制度相衔接的农民工养老保险办法，扩大工伤、医疗保险覆盖范围；鼓励有条件的地方和企业通过多种形式，提供符合农民工特点的低租金房屋，改善农民工居住条件；农民工输入地要坚持以公办学校为主接收农民工子女就学，收费与当地学生平等对待；农民工输出地要为留守儿童创造良好的学习、寄宿和监护条件，深入开展"共享蓝天"关爱农村留守、流动儿童行动。

2009年1月，中共中央、国务院《关于2009年促进农业稳定发展农民持续增收的若干意见》（"一号文件"）指出，当前国际金融危机持续蔓延、世界经济增长明显减速，对我国经济的负面影响日益加深，在当前农民工就业形势严峻的情况下，保持农民收入较快增长的制约更加突出。文件提出，要积极扩大农村劳动力就业：对当前农民工就业困难和工资下降等问题，各地区和有关部门要高度重视，采取有力措施，最大限度安置好农民工，努力增加农民的务工收入；引导企业履行社会责任，支持企业多留用农民工，督促企业及时足额发放工资，妥善解决劳资纠纷；对生产经营遇到暂时困难的企业，引导其采取灵活用工、弹性工时、在岗培训等多种措施稳定就业岗位；城乡基础设施建设和新增公益性就业岗位，要尽量多使用农民工；采取以工代赈等方式引导农民参与农业农村基础设施建设；输出地、输入地政府和企业都要加大投入，大规模开展针对性、实用性强的农民工技能培训；有条件的地方可将失去工作的农民工纳入相关就业政策支持范围；落实农民工返乡创业扶持政策，在贷款发放、税费减免、工商登记、信息咨询等方面提供支持；保障返乡农民工的合法土地承包权益，对生活无着的返乡农民工要提供临时救助或纳入农村低保；同时，充分挖掘农业内部就业潜力，拓展农村非农就业空间，鼓励农民就近就地创业；抓紧制定适合农民工特点的养老保险办法，解决养老保险关系跨社保统筹地区转移接续问题；建立农民工统计监测制度。

从我国农民工流动就业政策的发展演变可以看出，随着我国城市化进程的加快，农民工在全面建设小康社会中的突出贡献越来越受到全社会的认同，农民工这一"弱势群体"的社会地位及权益保护也越来越受到党和国家的高度重视，但应该指出，由于我国长期城乡二元社会结构体制的存在和影响，农民工流动就业与劳动保护政策在现行政策法律体系中还存在很多制度性障碍，例如户籍管理、社会保障、就业管理等方面，这都有赖于我国社会经济的发展以及对农民工问题的关注而不断改进和完善。

参考文献：

[1]刘怀廉：《中国农民工问题》，人民出版社，2005 年版。

[2]蒋月等：《中国农民工劳动权利保护研究》，法律出版社，2006 年版。

[3]江文胜：《农民工权益保护——政策演变及前景展望》，《科学决策》，2004 年第 4 期。

专题二　金融危机对农民工流动就业的影响

　　经济增长是解决就业问题的重要前提和必要条件。一般来说，就业与经济增长存在着正相关关系。自从2007年2月以来,全球性的金融危机致使全球经济大幅度下滑,我国一些企业经营困难,导致就业形势十分严峻。就我国目前的就业压力来看,很大程度上来自农民工就业问题。这支待就业的庞大队伍,对我国经济的发展、社会的稳定有着极大影响。在全球经济下滑、我国经济增长进入调整阶段的情况下,有效解决我国农民工就业问题,成为了当前我国保持经济平稳发展的迫切需求。

一、关于当前农民工就业问题的现状

　　农村劳动力向城市转移是经济发展的普遍规律。中国由于长期实行重工业优先发展战略以及严格的户籍管理制度,人为地分离了城市和乡村,使大量农村劳动力滞留在农村和农业生产上。据估计,在20世纪50年代至70年代,中国农村蓄积了大约2亿的剩余劳动力。20世纪80年代以后,随着中国改革政策的推行,阻碍农村劳动力外流的体制性障碍逐渐得以减少或消除,农村劳动力开始了大规模流动,尤其是向城市流动。根据全国第五次人口普查数据推算,2000 年,中国大约有 7600 万农村劳动力进入城市打工,这部分人几乎占到城镇全部就业者的 1/3。[①]到 2005 年,根据国家统计局、劳动和社会保障部的最新调查推算,农村劳动力流动就业规模已达 1.2 亿人,其中,进城农村劳动力约为 1 亿人。

农民工是我国改革开放和工业化、城镇化进程中涌现的一支新型劳动大军,已成为我国产业工人的重要组成部分,对我国现代化建设做出了重大贡献。农民工就业问题直接关系农村经济发展和农民增收,关系经济社会发展全局。当前,随着国际金融危机的影响不断加深,国内部分企业生产经营遇到困难,就业压力明显增加。根据农业部统计数据显示,中国有 1.3 亿外出农民工,其中大约有 15.3%,即 2000 万的农民工将因金融危机失去工作,或没找到工作而返乡,再加上每年新加入到外出打工队伍的农民,2009 年共有 2500 万农民工就业面临很大压力。[②]

随着经济的发展,新经济时代的劳动力市场需求正由单纯的体力型向智力型、技能型转变。在我国农民工之中,"有文化、懂技术、会经营"的劳动力极少,初中及

---

①　蔡昉等:《户籍制度与劳动力市场保护》,《经济研究》,2002 年第 12 期。

②　《2009:求解农民工就业之困》,《光明日报》,2009 年 2 月 8 日。

以下文化程度占87.8%，大专以上文化程度仅占0.52%，其中受过专业技能培训的仅占9.1%。这就从根本上导致了我国农民工得不到很好的就业，即一个文化素质不高、没有一技之长的劳动力很难就业，即使就业，也不太可能再有效地转移到二、三产业。

根据相关资料显示，目前相当多的企业仍然有招工计划，不同的是岗位数量、招聘需求有所变化，一方面，相当多的企业由于生产计划缩减，空岗数量有所减少，招聘时间略有延后。但一些企业由于技术改造和创新所需，追加了一些新岗位的招聘需求；另一方面，企业对新录员工的文化和技能水平要求提升。按照人保部2008年年底进行的"就业情况快速调查"结果看，企业对具有高中以上文化程度和中级工以上技能的比重，在历年持续提高的基础上，又分别上升了2%和2.6%。

综合上述情况可知，当前及今后一段时间内，城市企业对农民工的用工数量整体有所下降，招工时间推后，技能要求提高。因此，农民工就业供求矛盾在一段时期内将比较突出。

二、关于农民工就业问题的影响因素

就业是农民工进城的主要目标，也是在城市能够长久立足的主要依靠。因此，研究影响农民工就业的主要因素，具有重要意义。理论研究表明，农民工的就业状况与其自身的社会和经济特征具有密切的关系，同时，也受到行业和地区等因素的影响。要解决农民工的就业问题,必须首先了解影响农民工就业的因素。

（一）行业及企业外贸关联度及应对危机的能力

一般来说,一个行业或企业与出口外贸关联度越大,受到的冲击就越大。因为这些企业多属于来料加工型的劳动密集型企业,位于整个产业链的末端,故而在这些企业中工作的大量农民工群体,首当其冲地受到危机冲击。而在这些企业中,中小型企业受冲击程度最大。但即便在这些企业中,对就业的吸纳能力也有区别。一些企业在危机中及时调整对策,推出了产业升级战略,努力往产业链的上端靠拢,这就为其下一步解决就业问题,提供了广阔的前景。另有一些企业以退为进,暂时捂紧荷包,缩减薪酬等开支,和员工一起过苦日子,等到外商有新的订单调整,立即"反扑",重新开工,这也是解决农民工就业问题的希望所在。

（二）区域经济对就业的吸纳能力

整体看,越是区域经济活力比较强、发展潜力比较大的地方,对就业的吸纳能力就越强。众所周知,在此次危机中,由于对外开放程度高,沿海比内地受冲击程度严重,在订单减少、推迟或接不到订单的情况,企业开工不足或部分企业倒闭,带来了企业减员或岗位消失问题,使得在这些地区从业的农民工不得不提前返乡。而农民工返回的家乡多是重庆、成都、河南等内地城市。据资料显示,在成都、重庆这两个城乡统筹综合改革试验区,由于经济体制改革活力释放,这些地区对于返乡农民工的安置和扶持力度更好,也可能有更多的就业岗位给予返乡农民工就近安置,主要看下一步的政策扶持力度。

(三)农民工自身文化技能水平

根据上文所述,目前对高中以上学历,中级以上技工的农民工需求比重在增加。这与目前正在推进的产业结构升级,对人才技能要求提升有关,也与劳动力市场更激烈的竞争有直接关联。

(四)政府及社会中介服务机构的就业服务水平

由于长期以来,政府及社会中介人才机构中介服务,诸如就业培训、职业介绍、供需见面会等,多聚焦于本地本市居民,或者有大学以上学历者,所以,大量高中以下学历的外籍农民工群体,其就业指导问题一直被忽略。

要解决这个问题,需要政府在政策法规、市场规范、培训教育、返乡安置等方面给予扶持与帮助,以解决当前危机状况下的农民工就业问题。

三、借鉴英国解决"农民工"就业问题的经验

2009年6月3日召开的国务院常务会议指出,到4月底,我国城镇新增就业365万人,农民外出打工人数也有较大恢复,扭转了去年第四季度以来的下滑趋势。新闻中并没有指出"较大恢复"的具体数字,2009年全国"两会"期间,人保部部长尹蔚民曾说,春节后约有80%农民工重新返城,其中4500万人左右找到了工作,还有

1100万人没有找到工作。[①]而这1100万人能够占365万岗位多少比例,恐怕仍不能作乐观猜测。

实际上,大多数欧美发达国家在工业化过程中,都经历过解决"农民工"就业的过程。作为工业革命先驱的英国,最早遇到农村剩余劳动力转移、大量"农民工"需要就业的难题。英国解决"农民工"就业的做法,是欧美国家的典范和榜样,其中不少历史经验值得参考和借鉴。

英国圈地运动开始前后,失地农民进入城市寻找工作。起初英国对待"农民工"采取的是消极的惩罚、遣返政策,视"农民工"为流浪汉、"懒汉"。但随着工业革命的深入,"农民工"越来越多,英国政府开始意识到应采取疏导的方式解决"农民工"就业,实行短期速效措施与长期稳定政策相结合。短期措施如自1795年实行的"斯宾汉姆制度",对收入水平达不到标准的,政府予以财政补贴。长期措施包括为失地"农民工"提供工作岗位,逐步顺应农村剩余劳动力转移。英国经历了大约400年的漫长时间处理"农民工"就业问题,其长期积累的经验教训使欧美其他国家大大缩短了解决"农民工"就业问题的时间。中国真正面临"农民工"就业问题还不到20年时间。面对当前经济危机,中国应建立一个长期稳定的机制解决农民工就业问题。在经济困难时期制定的农民工

---

① 《人保部部长尹蔚民:1100万返城农民工尚未就业》,《新京报》,2009年3月11日。

就业政策和制度,到经济高速增长时期就更能发挥作用了,且即使今后再发生类似的国际金融危机,也能从容应对。

历史上,英国为解决农民工就业,先后出台了一系列法律,这些法律为解决农民工就业提供了可靠和稳定的制度保障。1572 年出台的法令中规定,一定的阶层要按财产比例缴纳"济贫税"。1601 年出台《伊丽莎白法》,也称"旧济贫法",该法在英国实施了几百年,规定应为农民工创造就业机会。1834 年英国颁布"新济贫法"。1905 年英国通过《失业工人法》,其中规定对失业农民工提供再就业措施。英国的历史经验表明,应把农民工就业上升到法律层面加以解决。中国农民工群体会越来越大,很有必要颁布一部具有中国特色的"农民工就业法"。民进中央预测,2020 年失地农民数量将超 1 亿。①因此,解决农民工生存和就业问题是一项艰巨的任务,应通过法律体系加以解决。2008 年年底国务院办公厅专门下发了《关于切实做好当前农民工工作的通知》,内容包括采取多种措施促进农民工就业、加强农民工技能培训和职业教育、大力支持农民工返乡创业和投身新农村建设、确保农民工工资按时足额发放、做好农民工社会保障和公共服务、切实保障返乡农民工土地承包权益六个方面。

---

① 《民进中央:失地农民数量迅速扩大 2020 年将超 1 亿》,《中国青年报》,2009 年 3 月 14 日。

"农民工就业法"的颁布实施可以在这个基础上进一步完善。

自 20 世纪 50 年代开始,英国为舒缓农民工城市就业压力,采取了鼓励"农民工"返乡就业措施,即通过发展"农工综合体"吸引农民工返乡就业。这个措施在英国实施以后,非常成功。到 20 世纪 70 年代,英国在"农工综合体"就业的人数达到总人数的 10%。可见,吸引农民工返乡创业是拓宽农民工就业渠道的一项重要措施,农村也可以打造高效的产业体系。近些年来,随着市场经济的发展,中国一些农村通过发展旅游业、特色产业来促进经济发展,提高农民收入,解决农民就业,实际上已经采用了"农工综合体"的措施。但这方面的潜力还很大,有待进一步挖掘。而且,发展"农工综合体",可以充分利用农民工在城市工作中掌握的技能和才能。发展"农工综合体",除发展传统的农产品加工业以外,还可以结合当前国家积极试行推动的"国民休闲计划"①,发

---

① 国民休闲计划:"国民休闲计划"作为扩大内需的一个重要举措,正在全国范围内被热议。按照全球休闲与经济发展的规律看,当人均 GDP 达到 3000—5000 美元,就进入休闲消费的爆发期。而我国人均 GDP 已达到这个阶段,休闲将成为普遍的社会需求和常态的消费模式。从经济上看,发展休闲产业有利于促进二次消费,调节社会分配,减少贫富差距,促进资金在贫富之间的多重循环与流动;从社会功能看,休闲是引导人们健康、快乐地安排休闲时间、缓解心理压力、平衡社会情绪的最有力的方法和杠杆。

展农村休闲产业，打造农村休闲产业链。此外，政府应尽快增加农村公共产品供给，在税费、融资等多方面给予优惠措施，吸引农民工返乡创业。

四、针对当前农民工就业问题，提出相应的对策建议

从经济学理论上说，农村的农户经济是一种低水平的均衡状态，经济学家称之为"低水平陷阱"。要打破这种低水平均衡，实现高层次的新均衡，美国经济学家舒尔茨教授认为，应该在市场经济条件下导入新的生产要素，加大对人力资本的投入。农民工有劳动能力但没有较好的劳动技能，这是一个普遍现象。因此，在劳动力要素、市场要素和科技要素上引入新机制，发展和规范劳动力市场，注重农村市场的发展和农业产业结构的调整，加大对农民工劳动技能等综合素质的教育培训，这是解决农村劳动力就业问题的有效办法。

（一）建立健全农民工就业的法律法规

目前，全国各地不断出台了一些有利于农民工就业的政策措施，有效解决了农民工就业的一些问题。但从长远看，我国是一个农业大国，经济发展不平衡，农村人口所占比重较大，农业、农村，尤其是西部农村发展极为滞后，农民工问题将是一个持续上百年的、长期性的、艰巨性的历史课题。如果不采取长效机制，农民工大军得不到有效就业，将成社会的一大矛盾。从世界各国解决农民工就业问题来看，都有着一个共同的成功经验，就是建立健全解决农民工就业的法律法规、政策制度。英国是世界上成功解决农民工问题的一个典范,他们随着经济的发展,制定了一些符合农民工就业的法律法规(上文已有叙述)。

世界历史经验表明,应把农民工就业上升到法律层次加以解决,这是解决问题的长效机制。面对当前金融危机,中国必须采取短期速效措施与长期稳定政策相结合的解决方式。长期稳定的机制,就是要出台一系列法律法规,制定一系列有利于农民工就业的法规政策,从而为农民工就业和再就业提供可靠的制度保障。有了制度保障,无论是在经济高速增长期,还是经济危机期,对于农民工就业问题,我们都能从容应对。

(二)发展和规范农村劳动力市场

通常情况下,农民工要进劳动力市场(人才市场),需到经济较为发达的大中城市,走进市场,才发现自己的知识结构、劳动技能与市场的需求不相适应。即便在这样的市场内,也无法就业。没有与农村经济发展相适应、与农民工相匹配的就业市场,很多文化水平不高、交通不便、信息闭塞的农民工就会盲目就业,甚至无法就业。因此,必须在人口较为集中的地方,发展和规范与农村经济发展相适应的农村劳动力市场,为农民工提供就业渠道和就业信息。政府或市场主管部门要做好农民工与市场双向信息互动的引导工作,广开门路、多动脑筋,要扩大与全国各地用人单位的信息沟通,及时关注本地或外地企业的用人情况,及时发布就业信息,有效地把剩余劳动力安置到位、输送出去。对已有的市场,要加强规范和管理,提高就业率。

目前,大多农民工的就业方式为自发性,很多农民因为文化不高、思想纯朴、自我保护意识不强,出现了盲目就业或上当受骗,甚至走上传销等不正之路。如果有了自己的就业市场,就可以减少就业的盲目性,提高准确率。发展和规范与农村、农民相适应的劳动力市场,这是在市场经济条件下创新生产要素的重要手段,也是改善农村劳动力转移就业环境的重要渠道。

(三)加大对农民工的教育培训

随着经济的发展,大规模的机械化生产代替了体力型的手工生产,更多高学历、懂技术的大学生走入市场,金融危机持续不断,企业经营不景气,直接导致缺乏一技之长的农民工返乡或找不到工作。我们要抓住农民工返乡的契机,采取多种措施做好农民工的技能培训工作,提高农民工的整体素质。要围绕市场需求开展订单培训和定向培训、围绕产业结构调整和企业技术革新项目开展职业技能培训、围绕回乡创业组织开展创业培训、围绕农业现代化和产业化开展农村实用技术培训。通过灵活多样的学习培训,进一步提高农民工择业竞争能力、提高就业适应能力、提高自主创业能力和提高返乡农民工的农业技能,让更多的农民工掌握一定的创业知识和劳动技能,适应更多岗位需求,促进就业和再就业。

（四）发展农村经济，吸引农民工返乡创业和让更多的劳动力就地消化

发展农村经济，让农业产业化、乡村工业化、农村城镇化，这是解决农民工就业的一个最有效、最根本的举措。一是要加快农村城镇化建设。要加大基础设施建设投入力度，努力搞好以乡镇为中心的农村基础设施建设，大力发展农村第二、三产业，积极培育农村市场，发展农村经济，加快工业化进程，不断提高农村城镇化水平，让更多的剩余劳动力就地消化。二是转变发展方式，走产业化发展路子。发展农村经济，需要积极调整农业产业结构，要根据不同地区的实际情况，发挥地理、气候等自然优势，引进先进技术和优良品种，大力发展市场空间大、消费需求广的主导产业和特色农产品，优化生产要素，实行区域化布局、专业化生产、规模化建设、社会化服务，形成种养加、产供销、贸工农、农工商、农科教一体化经营体系，让更多的农民工在商业经营活动、农产品购销、种养殖等领域就业创业。三要发展龙头企业。专业性强、技术过硬、资金雄厚的龙头企业可以使更多的农民产品与市场有效对接，能有效带动农民创业的积极性。必须扶持这样的企业在乡镇、在农村发展，通过招商引资等方式让更多的企业走进来，让现有的企业活起来。发挥龙头企业的作用，把更多的特色农产品收集后进行深加工，多样化处理，根据市场空间以不同的消费需求走入市场，从而加快本地特色产业发展，带动更多

的农村剩余劳动力在企业就业或从事农产品种植、生产。四是要优化农业产业结构,提高农产品质量安全水平和市场竞争力,吸引更多的农民工从事特色农业、畜牧业、林果业、水产业和蔬菜业等自主创新的发展路子。

(五)要敢于竞争,积极参与一些规模大、效益好的企业队伍

很多农民工因为学历不高,技术单一,导致参与大型企业人才竞聘的勇气缺乏。很多农民工在不断的学习和工作的过程中,对某项工作或某个问题具有独到见解,凭借着他们所积累的实践经验,往往能解决一些高学历人员所不能解决的实际问题。这是一笔宝贵的财富。我们鼓励很多农民工转变观念,勇于从单纯的体力型工作岗位向多样化的工作岗位迈步,要有敢闯敢冒的勇气,要有敢于竞争的胆识,争取到规模大、效益好的大型企业就业。用人单位也要积极转变观念,打破那种"对口"用人的思维模式,给广大农民工更多的就业机会。

(六)加大政策扶持力度,为农民创业、就业创造更多机会

要加大改革力度,勇于取消那些对农民进城就业、创业限制性的规定,为农民工进城就业、创业提供宽松政策支持。比如,有些地方取消对农民工的户籍限制;制定政策措施,在克扣拖欠报酬、权益保障、生活质量、工作环境、劳动关系、社会保险缴纳、保险关系的接续等方面提供相应的保障;开辟绿色通道,为农民工免费注册登记从

事经营活动;实施阳光措施,为农民工做好最低生活保障制度等等,有力地促进了农民工就业和创业的积极性。

温家宝总理在今年两会的《政府工作报告》中对农民工就业问题有如下的描述:广开农民工就业门路和稳定现有就业岗位。要发挥政府投资和重大项目建设带动农民工就业的作用。鼓励和支持困难企业与员工协商薪酬,采取灵活用工、弹性工时、技能培训等办法,尽量不裁员。加强有组织的劳务输出,引导农民工有序流动。农民工就业问题具有复杂性、长期性,所以,要解决这一问题就需要在国家统筹规划和指导下,实行劳动部门介绍就业、自愿组织起来就业和自主创业相结合的方针,多措并举、广开门路、转变观念、积极应对,构建一个长效机制,在经济危机下,可以充分发挥有效的作用,在经济黄金期,可以更好地推进农民工就业,提高收入。只有如此机制,才能从根本上解决农民工的就业问题,保证国家经济和社会的又好又快的发展。

参考文献:

[1] 蔡昉等:《户籍制度与劳动力市场保护》,《经济研究》,2002 年第12 期。

[2]《人保部部长尹蔚民:1100 万返城农民工尚未就业》,《新京报》,2009 年 3 月 11 日。

[3]《民进中央:失地农民数量迅速扩大 2020 年将超 1 亿》,《中国青年报》,2009 年 3 月 14 日。

专题三　农民工流动就业问题

　　我国是一个传统农业大国和人口大国,人多地少的现状决定了我国农业剩余劳动力转移是一个长期而艰巨的过程。目前,我国农民工数量十分庞大,第二次全国农业普查结果显示,2006 年, 农村外出从业农民达 1.32 亿人,占农村劳动力资源总量的 25%左右。如果加上在本地从事非农产业的 8000 多万农村劳动力, 则农民工的数量在 2.1 亿以上。当前,受国际金融危机影响,大量中小企业破产倒闭,大批农民工返乡,造成了大量的社会经济问题, 正确认识和高度重视解决农民工就业问题,是推进新农村建设,促进社会和谐稳定,确保经济平稳增长的重要课题。

一、我国农民工流动就业研究背景

(一)概念界定

1.农民工

　　"农民工"一词最早由张雨林教授于 1984 年在中国社会科学院《社会学通讯》提出,随后这一称谓逐渐被国内外学者广泛使用。我国学者从各自的研究领域出发,对农民工这个词语赋予了不同的解释。其中,有社会学意义的界定:城市农民工是中国社会分层体系上的一个社会群体,是从农村到城市里来的,被排斥在正式的城市居民之外的非正式城市群体。有从经济社会转型期的特点对农民工下定义:农民工是我国经济社会转型时期的特殊概念,是指户籍身份还是农民、有承包土地,但主要从事非农产业、以工资为主要收入来源的人员。有从劳动经济学角度认为中国农民工应从三个层面去界定:从劳动的性质看,农民工是带着农民身份进入工商企业,接受企业用工制度安排,主要从事非农产业岗位工作的劳动者;从劳动力的来源看,农民工主要来自当今中国农村中"敢闯"、较有文化、较有朝气的"先进生产力"部分;从劳动行为的利益动因看,农民工为收入最大化的追求者,是城乡劳动收入差异的发现者和现实行动者。有从农工二重性对农民工下定义:农民工,无论"农民 + 工"或"农 + 民工",不同程度地兼有两种身份和双重角色,并且以"农"为起点、以"工"为归宿,是过渡期的特有现象。现在学术界主流观点认为,应当将农民工看作为农业劳动向工业劳动转化过程中的劳动者形态,这既是一个经济范畴,又是一个历史范畴。应当从以下四个层面去认识和界定农民工:一是职业,农民工从事的非农职业,或者以从事非农劳动为主要职业,即他们的绝大部分劳动时间花在非农活动上,他们的主要收入也来自非农活动;二是制度身份,尽管他们是非农从业者,但他们的户籍身份还是农民,与具有非农户籍身份的人有着明显的身份差别;三是劳动关系,即农民工属于被雇用者,雇用他们的,可以是个体户、私营企业主或外企老板,也可以是国有单位或集体单位,其他拥有农业户口身份、从事非农活动、但不被他人雇用的人不属于农民工,而应是个体工商户、私营企业主等;四是地域,即他们来自农村,是农村人口。据此定义,农民工将是一个非常庞大的群体,不仅包括外出务工的绝大部分农村劳动人口,而且还包括在农村就地为其他人从事有偿的非农活动的农村人口。

2.流动就业

在完善的劳动力市场中,就业概念本身蕴含着劳动力的自由流动。但是,在对我国农民工的研究中,必须认为流动就业是农民工就业的基本特征。农民工在本质上属于工人,但在身份上属于农民,并且在农村都有土地。首先,在从事的产业上具有流动性。他们在农闲时进城务工,农忙时回家种地,农民工就业就像"候鸟"一样,周期性地往返于农业和非农产业之间。其次,地域上的流动。农民工往往从事非正规部门的职业。这种工作具有短暂性,而且要求的文化程度不高,流动的障碍很小。因此,在追求收入最大化的驱动下,在城市务工的农民工经常从一个行业流动到另一个行业。此外,城市建筑业的工人绝大部分都是农民工,随着在建项目的完成和新项目的建设,从事建筑业的农民工往往需要从一个城市流动到另一个城市。因此,流动性就业是农民工就业的本质属性。

(二)我国农民工流动就业研究背景

1. 农民工流动就业已经成为关系国计民生的重大问题

数以亿计的农民工流动就业,为我国工业化和城市化做出了巨大的贡献,已经成为我国经济进一步持续快速增长的关键力量。同时,由于我国人口基数大,农民工数量多,解决农民工就业的压力很大。农民工流动就业问题能否处理好,直接关系到我国经济社会能否和谐发展,关系到党和国家的前途命运。党的十六届三中全会通过了《中共中央关于完善社会主义市场经济体制若干问题的决定》,其中就我国农业剩余劳动力转移就业问题提出新的指导意见。《决定》指出:改善农村富余劳动力转移就业环境是完善社会主义市场经济体制的一个重大问题,也是我国经济体制改革面临的一项重要内容和严峻形势。《决定》还进一步指出改善农村富余劳动力转移就业环境的具体方向和意义。一是把鼓励和促进农村富余劳动力在城乡之间双向流动就业作为增加农民收入和推进城镇化的重要途径,指出了今后农村富余劳动力转移就业的明确方向和现实意义。二是提出了完善农村富余劳动力转移就业环境的具体方面:包括建立健全农村劳动力培训机制;推进乡镇企业改革和调整,大力发展县域经济,积极拓展农村就业空间;取消对农民进城就业的限制性规定,为农民创造更多就业机会;逐步统一城乡劳动力市场,加强引导和管理,形成城乡劳动者平等就业的制度;深化户籍制度改革,完善流动人口管理,引导农村富余劳动力平稳有序转移;加快城镇化进程,在城市有稳定职业和住所的农业人口,可按当地规定在就业地或居住地登记户籍,并依法享有当地居民应有的权利,承担应尽的义务等六项主要内容。把改善农村富余劳动力转移就业环境作为完善我国社会主义市场经济体制的一项重要内容足以显示出新的历史条件下解决农村富余劳动力问题的紧迫性和现实性。

2.农民工流动就业已经成为推动改革和制度创新的重要力量

2004 年中央一号文件《中共中央、国务院关于促进农民增加收入若干政策的意见》指出:"进城就业的农民工已成为我国产业工人的重要组成部分。"这是中央文件中首次采用这样的提法。中央一号文件对农民工的定性是准确的。目前,我国已有超过三分之一的农村劳动力转移到非农产业,工人队伍构成发生了历史性变化,农民工成为我国产业工人的主体。农民工流动就业模式,产生于我国特殊的历史阶段,与我国的基本国情紧密相关,对我国经济体制和社会结构产生了深远的影响。农民工的巨大浪潮冲破了劳动力市场的城乡界限、地域界限和部门界限,使市场导向、自主择业、竞争就业的机制成为现实,促进了中国劳动力市场的发育,促进了劳动用工制度的改革, 促进了通过市场合理配置劳动力机制的形成。农民工流动就业还极大地推动了政府职能和管理方式的转变。农民工对于城市发展的贡献被社会逐渐承认,农民工的声音开始被社会所关注,农民工的社会地位逐渐在提升。在对待农民工的问题上,很多地方政府的观念在悄然转变。在解决农民工问题中,各级政府在职能定位、管理理念、行为方式上也都逐渐向以农民工为本的角度转变,传统的户籍制度、劳动就业制度和社会保障制度正在发生着变革。

3. 国际国内的产业升级对农民工流动就业提出了挑战

从产业结构演进发展的历史来看,当一个国家(或地区)的比较优势从劳动力转变为资本时,产业结构就从以劳动密集型产业为主转向以资本密集型产业为主;当比较优势从资本转变为技术时,产业结构就逐步从以资本密集型产业为主向以技术密集型产业为主转变;当技术含量低的产业无利可图时便转向技术含量高的产业;当生产效率低的产业逐步被市场淘汰时便转向生产效率高的产业。所以,产业升级实质上是指产业各部门由于要素禀赋变化引起的生产要素密集程度不断变化升级的过程,是产业结构从低技术层次转向高技术层次的过程,也是从生产率低的产业占主体转向生产率高的产业占主体的过程。目前,产业转移包括两个方面。一是国际间产业的转移。进入新世纪以来,发达国家利用信息技术等对传统产业进行改造和提升,不断调整和优化产业结构,并且把大量资金技术密集型产业转移到发展中国家。二是国内地区间转移。由于人力成本的增加,东部地区的一些劳动密集型开始向中西部转移。国际国内产业结构的调整过程中,会对农民工流动就业产生很大的影响。许多劳动密集型产业以及资金技术密集型产业的若干劳动密集型生产环节是吸纳农村劳动力的重要领域。同时,由于产业的转移和升级,对农民工的知识结构和人员素质提出了更高的要求,农民工结构性失业的因素逐渐突出。

4.国际金融危机冲击下农民工流动就业难度加大

全球金融危机导致我国一批中小企业被破产倒闭,农民工成为受失业冲击最严重的群体。中央财经领导小组办公室副主任、中央农村工作领导小组办公室主任陈锡文表示,2008年全国约有2000万农民工因金融危机失业。目前,我国经济增长速度放缓,对就业拉动效应明显下降。同时,国际市场需求低迷,我国商品出口量减缩,中小企业经营陷入困境,大批农民工失业返乡。据国家发改委中小企业司的统计显示,2008年上半年,全国有6.7万家中小企业倒闭,这些企业破产倒闭直接导致以农民工为主的中低端劳动者失业。2008年10月份以来,随着国际金融危机的不断升级,我国局部地区农民工失业人数骤增。据农业部最近对安徽、广东等11个劳务输出、输入大省120个村的典型调查,2008年10月底在沿海发达地区就业工人总数比上年减少6.5%,实际减少的主要是外来农民工。

二、我国农民工流动就业的现状及问题

中国的经济发展进程中涌现出来的农民工流动就业现象,是农民工创造历史的表现。农民工用自己的行动为政府和社会指出了解决二元结构的途径和方向。农民工为工业化和城市化做出的巨大贡献,赢得了社会的尊重,也推动了政府和社会去着力解决农民工长期以来受到的不公平待遇。

(一)我国农民流动就业的历史过程

1.1978年以前:流动受到严格限制

新中国成立以后,中国实行了迅速实现工业化和优先发展重工业的国民经济发展战略。大批农民进入城市,转为工业企业工人。1952年全国城市人口7000万人,1957年增加到9949万人,1960年更达到1.3亿,城镇人口比1953年猛增了6000万,占全国总人口的比重由1953年的12.5%上升到19.7%。与此同时,农产品的短缺状况越来越突出。1954年中国开始实行粮食等农产品的统购统销的低价计划分配体制,以保证城市供应和工业积累。1958年发起大跃进运动,在农村组织人民公社,进一步挫伤了农民生产的积极性,农业生产大幅下降,全国出现饥荒,政府被迫进行调整,大批城市人口被迫返回农村,1960年到1964年净减少城市人口3788万人。

在改革以前,中国计划体制的一个重要特点就是在

劳动力的控制上甚至比对产品控制更要紧,也似乎更有效。非计划流动的农民被称为"盲流"或"盲窜流",他们虽艰难地穿越了城乡之间的种种控制性障碍,但还是成为城市中多次进行的"清退"工作的目标。

2.80年代:流动的恢复与发展

1978年中共党的十一届三中全会以后,农村改革迅速推进,家庭承包责任制在农村普遍推行,产品产量大幅度提高,农民有了财产权和自身劳动力的自由支配权,而农村的劳力剩余也凸显出来。

在80年代前期,随着家庭承包制的实行,农村劳动力的流动就悄悄地开始了,但农民的自由流动空间狭小。这时期率先走出家门的是农村中素有走南闯北传统的能工巧匠和敢于冒险的农村青年劳动力。农村劳动力较早外出以及较早吸收外来劳动力的都主要在最早开放的沿海发达地区,如浙江、广东等省份。但总的来说,80年代初期的农村劳动力流动规模很小,流动的地域半径也较小。

进入80年代中后期,中国经济的改革与发展取得了出人意料的成绩,同时中国农村劳动力流动也发展很快。从80年代中期开始,一方面我国乡镇企业异军突起,吸纳了大量的农村剩余劳动力,仅1983年至1988年期间,就有6300万农村劳动力转移到乡镇企业中,这个时期流动到乡镇企业的农村劳动力主要是本县或本省的农村劳动力,但从省外流入的农村劳动力人数逐渐增多。另一方面,中国经济改革的中心逐渐由农村转向了城市,城市体制改革的步伐也进一步加快,尤其是城市的第三产业逐步允许农村劳动力进入,为农村劳动力的流动创造了新的空间。虽然政府在 1988 年为抑制通货膨胀而实施治理整顿政策,抑制了乡镇企业的发展,但却更刺激了农民外出寻找就业机会的冲动。这期间沿海地区实行外向型经济发展战略,出口加工工业提供了就业机会。1987 年四川省出省的劳动力为 47 万人,1989 年达到 68 万人。1989 年春节铁路客运的拥挤引起了各方面的注意,"民工潮"的提法也开始见诸报端。

与农村人口招工进城的计划转移和到本地乡镇企业就业的就地转移不同,80 年代中国农村劳动力的流动开始了一个市场导向的异地就业的新时期。从流动规模来看,1988 年的农村劳动力流动人数为 2600 万人,其中跨省流动的人数为 500 万人;1989 年的农村劳动力流动人数为 3000 万人,其中跨省流动的人数为 700 万人。有人估计,80 年代末仅城市务工经商的农村劳动力就已达到 1500 多万人。

3.90 年代以后:流动的高潮

1992 年,邓小平以南巡谈话的方式掀起了中国经济改革的又一高潮。非国有部门迅速发展,1993 年城镇私营企业和个体户从业人数达到 1115.7 万人,比 1992 年增加了 33.2%,1999 年达到 3466.9 万人,平均年增长 392 万人。1992 年外商和港澳台商直接投资项目达到

48764 个，比 1991 年增长 2.8 倍，实际投资金额达到 110 亿美元，比 1991 年增长 1.5 倍，随后的几年中都保持了快速增长。同时乡镇企业尤其是沿海地区乡镇企业大发展，各种开发区建设出现热潮，这些非国有部门的快速增长对廉价农村劳动力的需求尤为强烈。

在这样的背景下，中国农村劳动力流动进入了一个高潮期。1993 年农村劳动力流动的人数达到 6200 万人，其中跨省流动的达到 2200 万人，分别比 1989 年增长了 1.07 倍和 2.14 倍。其后，农村劳动力流动人数转入稳定增长，1994 年出乡的农村劳动力达到 7000 万人，1995 年大约为 7500 万人，而同期出省的农村劳动力人数大约为 2500～2800 万人。

90 年代，农村劳动力流动具有如下一些特征：在流动区域方面，流向相对集中，以不发达地区向发达地区、农村向城市流动为主；从欠发达地区农村向发达地区及城市的流动是主要的，但流动并非单向，而是多向的，显示了经济发展和市场配置人才资源的多样性；农民跨地区就业流动半径长，有的跨越了大半个中国，但又以就近流动为主，流动分布背后有经济成本在起作用；外出就业的许多农民进入了大中城市，但相当部分是进入发达地区的小城镇和乡镇企业；产业流向上，95% 以上的农村外出劳动力是进入非农产业，不到 5% 的是异地务农；从流入地来看，农民工的产业流向分为两类，一类是大中城市，主要进入商业服务业、建筑业，进入工业的比重较低,另一类是东南沿海的苏南、温州、闽南、珠江三角洲等发达地区,加工贸易型的外向经济发展快,乡镇企业和三资企业占重要地位,外来农村劳动力进入工业企业的则占 60%~70%;就全国而言,外出就业约占乡村劳动力的 13%左右,但在中西部川、皖、湘、赣等省一些地、县,则占农村总劳动力的 20%~30%。

1997 年开始的东南亚金融危机影响了亚洲乃至世界很多国家的经济增长,对我国的出口贸易和乡镇企业发展也产生了重大的负面影响;我国国民经济发展实现了"软着陆",经济发展速度放慢;经济结构开始调整,国有企业开始出现大量下岗人员,仅 1999 年和 2000 年就有 1800 万失业和下岗职工;农产品进入一个供求平衡、丰年有余的新阶段,各种农产品价格都出现了较大幅度的持续下降,农民收入增长缓慢,农民负担不断加重。所有这些新情况、新背景都直接或间接地对我国农村劳动力流动产生了巨大影响。

(二)农民工流动就业的现状

1.数量和规模

根据《中国统计年鉴》公布的数据,2004 年—2007 年每年新增非农就业平均为 1871 万人,其中 2007 年新增就业为 1707 万人。假设 2008 年新增非农就业 1700 万,则 2008 年总非农就业人数约为 47246 万人。要从总体上把握农民工的数量,依据人口普查数据进行推算是相对准确可靠的一种方式。根据 2005 年全国 1%人口抽样调查数据，可以估算出农民工在各行业的就业比例，假定这一比例在几年之内保持不变，根据各行业最新的从业人数可以估算出农民工的分行业数量，加总之后便得到农民工就业的总规模。根据 2005 年全国 1% 人口抽样调查数据，农民工占非农总就业的比例为 50.5%。据此推算，2008 年农民工总数约为 2.38 亿。值得指出的是，农民工占非农总就业的比例是逐年上升的，因此，2008 年农民工总数实际上要高于 2.38 亿。根据推算结果，2008年，第二产业总就业人数中，农民工占 65%，第三产业总就业人数中，农民工占 39%。而根据 2000 年全国第五次人口普查数据，第二、三产业农民工的比例分别为 58%、52%，这表明农民工存在向第二产业集聚的趋势。

2.行业和地域分布

分行业来看，制造业农民工总数约为 9980 万人，占农民工总数的 41.8%；批发和零售业农民工 4016 万人，占农民工总数的 16.83%；建筑业农民工 2807 万人，占 11.77%；交通运输、仓储和邮政业农民工 1 846 万人，占 7.74%；住宿和餐饮业农民工 1 373 万人，占 5.76%；居民服务和其他服务业农民工 1 333 万人，占 5.59%。

农民工在各个行业的分布很不均匀，一些行业吸纳了较多的农民工，例如采矿业、制造业、建筑业、住宿和餐饮业及居民服务和其他服务业。这些行业往往并不要求有很高的技能和文化等因素，故而农民工可以比较容易地融入其中。而另一些行业吸纳农民工非常有限，如科学研究、技术服务和地质勘察业、教育、金融、公共管理和社会组织等。这意味着在这些行业可能对学历、技能等因素有着更高的要求,农民工通常很难达到。到目前为止,中国农民工流动依然呈现出"候鸟"式模式,显著的特征是职业与身份相分离,城乡之间双向流动。

从地域的角度来看,农民工的分布很不均匀。很显然,东部地区是农民工就业的主要地区,而中西部地区则是农民工的主要流出地。2004年中西部地区农民工流动就业占全国农民工的比例为67%。国家统计局农调队调查数据表明,2005年以来,农民工外出就业70%以上是在东部地区。然而,农民工不仅指外出就业的农民工,还包括了在本地乡镇企业就业的农民工。劳动保障部2005年的调查显示,农民工在东部、中部和西部地区就业的比例分别为62%、20%和18%。相比于劳动和社会保障部2005年对农民工地域分布的估算结果,近几年来,在中西部就业的农民工比例有所提高,这有可能是东部地区向中西部地区产业转移的结果,也可能是国家西部大开发战略促成中西部地区非农产业发展的结果。农民工地域分布结构的变化也从一个侧面说明农民工流向的变化,即部分农民工开始从东部地区向中西部地区分流。不同地区之间的行业分布存在明显的差异。东部地区农民工主要集中于制造业,占一半以上,而中西部农民工尽管也以制造业的分布最多,但在建筑业、批发和零售业等其他行业的分布也较多。在西部地区,制造业和批发与零售业分布的农民工数量基本相当。分省来看，农民工主要集中于河南（1595万）、广东（1428万）、江苏（1378万）、山东（1341万）和四川（1296万）等省。其中河南和四川是中国的人口大省，这两个省的农民工数量较多，与当地的产业结构和人口基数有着密切的关系。此外，河北、辽宁、浙江和福建等东部沿海省份也是农民工数量较多的地区。而安徽、湖北和湖南等省的农民工数量也相当可观，也与这些省份的人口基数密不可分。在西部相对落后的一些省份，如宁夏（111万）、青海（107万）和西藏（26万）等，由于非农产业发展滞后，人口基数也较小，故而农民工数量要少得多。如前所述，农民工在地区之间分布的差异，与各地区的产业结构差异是密切相关的。省际产业结构不同，会导致同一产业内农民工数量的分布呈现区域间的显著差异。以吸纳农民工数量最多的制造业为例，在这一行业里农民工主要分布于广东、山东、江苏和河南等省，而新疆、青海、宁夏和西藏等广大的西部地区制造业的农民工数量则要少很多。制造业农民工数量的空间分布模式与农民工总数的空间分布模式有着很高的相似性。近年来，外出就业农民工数据呈现逐年增加的趋势，跨省就业的规模也随之扩大。

《中国农民工调研报告》对2004年2亿农民工总数的估算值中，有60%，即1.2亿为在本乡之外就业的外出农民工，而其中的约一半为跨省就业农民工，也就是说

2004 年跨省就业的农民工数量约为 6000 万。如果沿用这一结构来加以估算,那么 2008 年约有 7140 万跨省就业的农民工,显然,跨省就业的农民工近年来呈持续增加的趋势。跨省农民工主要分布在东部沿海省区,其中珠三角和长三角地区外省农民工聚集效应最为明显。此外,新疆和内蒙古也吸引了较多的跨省农民工,在很大程度上可能与这两个省地广人稀,且第二和第三产业在西部地区中相对较为发达有关。农民工的跨省迁移与地域有着密切的关系。经济发达且对农民工用工需求较为强烈的地区首先会吸引与之相近省份的农民工,其次才是在地理上离得稍远省份的农民工。

3.外出务工人员比例

据国家统计局全国 31 个省(区、市)6.8 万个农村住户和 7100 多个行政村的抽样调查资料显示:2003 年至 2005 年农村外出务工劳动力分别为 12578 万、11823 万和 12578 万,每年平均增加 594 万人,增长 5%。农村外出务工人员可以分为两类:一是举家外出务工;一是个人外出务工。在 2003 年至 2005 年的外出务工人员中,分别有 2540 万、2470 万和 2430 万是属于举家外出,分别占当年外出务工人员的 21.3%、20.9%和 20.1%。

4.年龄和性别情况

据国家统计局全国 31 个省(区、市)6.8 万个农村住户和 7100 多个行政村的抽样调查资料,在外出务工人员中,男性农民工占 66.3%,女性占 33.7%。在东部地区务工农民工中，女性比例明显要高于中西部地区女性比例，2004年东部地区农民工中女性占 37.4%，中部地区农民工中女性占 26%，西部地区农民工中女性占 23.6%。农民工以青壮年为主，平均年龄 28.6 岁，16～30 岁的农民工占了 61.3%。其中，16～20 岁的农民工占 18.3%，21～25 岁的农民工占 27.1%，26～30 岁的农民工占 15,9%，31～40 岁的农民工占 23.2%，40 岁以上的农民工占 15.5%。在东部地区务工的农民工平均年龄为 28 岁，中、西部地区分别为 31 岁和 32 岁。

5.受教育情况

多数农民工没有接受过任何形式的技能培训。2004 年外出农民工中，文盲占 2%，小学文化程度占 16.4%，初中文化程度占 65.5%，高中文化程度占 11.5%，中专及以上文化程度占 4.6%。总体上看，外出农民工的文化程度要高于农村劳动力平均水平。外出农民工中，初中及以上文化程度占 81.6%，比全国农村劳动力平均水平高 18.3 个百分点。接受技能培训的农民工比例，较低，但逐年增加。2004 年外出农民工中，掌握了一定的专业技能、接受过技能培训的农民工占 28.2%，2001 年这一比例为 17.1%，2002 年为 17.4%，2003 年为 20.7%。从参加培训的方式来看，通过政府组织参加培训的农民工占 10.7%，参加企业组织的培训的农民工占 30%，自己去参加培训的农民工占 59.3%。

6.工资收入情况

国家统计局 2006 年 9 月的调查结果表明,进城务工经商的农民工的平均月收入为 966 元,一半以上的农民工月收入在 800 元以下,其中月收入在 500 元以下的占 19.7%,月收入在 500～800 元的占了被调查的农民工总数的 33.7%,只有一成的农民工月收入超过了 1500 元。分东中西部看,东部地区的农民工平均月收入为 1090 元,中部地区的农民工平均月收入为 880 元,西部地区的农民工平均月收入为 835 元,东部地区比西部地区农民工平均月收入高出了 255 元。分性别看,男性农民工平均月收入为 1068 元,女性农民工平均月收入为 777 元,男性农民工比女性农民工平均月收入高出了 291 元。如果农民工按照每年工作 9 个月工作计算,2006 年的年均收入为 9000 元,为当年全国城镇单位在岗职工年平均工资(21001 元)的 42.8%。

7.农民工签订合同情况

国家统计局 2006 年 9 月的调查结果表明,在调查的 29425 名农民工中,签订了劳动合同的有 15891 人,超过半数。其中,签订固定期限合同的占 68.3%,签订无固定期限合同的占 10.5%,签订临时合同的占 21.2%。由于这次调查主要包括被企业(单位)招用的在固定岗位就业的农民工和在社区街道上自主创业、自谋职业的灵活就业的农民工,没有包含所有农民工,其劳动合同的签订率应该高于总体签订率。在签订有固定期限合同的 10849 名农民工中,平均签订合同期限仅为一年。其中,75.7%

的农民工签订了 9～12 月的合同,7.9%的农民工签订了
1～2 年的合同,只有 10%左右的农民工签订的合同时间
超过两年。

(三)我国农民工流动就业的巨大贡献

1.农民工流动就业是我国经济发展的重要拉动力量

30 年来,大规模的农民工流动就业促进了农村剩余
劳动力与城市资本、技术的结合,弥补了城市发展过程
中劳动力资源的不足,同时为农村经济发展带回大量资
本,有力地促进了国民经济的增长。据世界银行(1997)
估计,结构变革的进程为中国过去 18 年的经济增长提
供了额外的推动力。在 1978～1995 年国内生产总值平
均年增长 9.4 个百分点中, 就业不足的农村劳动力转移
到生产要素较高的工业、服务业,贡献了其中 1 个百分
点;就业转向生产率较高的非国有部门贡献了另外的
0.5 个百分点。其次,降低了工业化的成本,为国民经济
的发展提供了大量的资本积累。农民工与城市国有企业
职工相比,在工资、福利方面相差很大,折合成货币收
入,国有企业职工的年平均收入就比农民高出 127%,达
到 7381 元。在二元化劳动力市场上, 每雇用一个农民
工,就等于节省了 7381 元的工资性支出。或者说,每一
个农民工为雇主的利润或通过产品价格的下降为消费
者福利和整个国民经济的剩余积累贡献了 7381 元。如
果以 9546 万农民工计(劳动部与统计局,1999)则农民
工的剩余积累为 7046 亿元, 相当于当年国内生产总值

的 9%。再次,农民工流动就业有力地拉动了内需,从而刺激了整个国民经济的发展。近几年来,我国经济增长主要依靠投资来推动,而内需则相对不足。扩大内需始终是我国经济又好又快发展的根本途径,而内需扩大的关键在农村市场。农民工流动就业对扩大占中国人口近70%的农民的消费需求起到了巨大的促进作用。一方面,在农业已经很难成为农民收入增长源泉的情况下,农民进城务工对提高中国农民家庭收入水平具有决定性作用。据国家统计局农调总队的调查显示:收入水平越高,农户越有可能购买三种电器。在其他条件相同的情况下,农户购买三种电器的可能性同人均纯收入有正相关关系。当收入提高时,彩电需要增加最快,洗衣机其次,电冰箱再次。另一方面,受到城市文化的影响,进城农民工在消费观念、消费结构和消费模式等方面与传统农民相比都发生了很大的变化,特别是进城农民工中年龄结构逐步年轻化,这些"二代农民工"在吃、住、用、行等方面的消费方式率先向城市居民看齐,成为一个有着巨大消费潜力的群体。

2.农民工流动就业有效缓解了"三农"问题

改革开放以来,我国农村的面貌发生了很大的变化,但由于长期以来历史和政策因素的影响,"三农"问题的现状仍然令人十分担忧。"三农"问题已经成为制约我国经济与社会全面发展的关键因素。"三农"问题必须花大力气解决。提高农民收入水平是"三农"问题最困难之所在,因而也是解决"三农"问题之要害处。农民工流动就业所创造的价值与带回农村的收入,极大地缓解了"三农"问题。首先,农民工外出务工经商已经成为农民就业和增收的主要途径。1997年以来,我国农业收入连续4年增速减缓,农民收入的增长主要来自劳务报酬的增长。由于家庭经营农业收入的绝对减少、乡镇企业解决新增就业能力的下降,农民外出务工经商在解决就业和增加农民收入中扮演着越来越重要的角色。有关资料显示:2008年农村居民的工资性收入人均1854元,比上年增加258元,增长16.1%,增幅与上年持平。工资性收入的增加额占全年农村居民纯收入总增量的41.5%,增幅比上年提高1.6个百分点。在工资性收入中,务工收入人均1196元,比上年增加188元,增长18.6%。其中,本地打工收入人均434元,比上年增加76元,增长21.3%,增幅比上年提高1个百分点;外出务工收入人均762元,比上年增加111元,增长17%,增幅比上年下降0.5个百分点。其次,农民工外出打工促进了农村产业结构的调整。大规模农民工外出去城市从事非农产业,有利于加快农村土地的合理流转,为农村实行土地规模经营提供了契机,从而对农村产业结构的调整起到了极大的推动作用。目前,在劳动力流出较多的地区,农民已经开始采用不同的流转方式来调整土地承包经营权,扩大土地经营规模。随着土地经营规模的扩大,科技投入也随之增加,逐步形成以高新技术产业为先导、基础产业和产品加工业为支撑、第三产业全面发展的农业格局,提高了农产品质量和竞争力,并由此推进优势农产品产业带建设,促进农业产业化经营。再次,农民工外出打工促进了农村经济社会的发展。农民工在城市和发达地区就业获得的收入,除用于必须的生活消费支出外,大部分带回了农村。2004 年,农民工的月平均收入为 780 元(按年平均就业 9 个月计,年收入为 7000 元左右),月平均生活消费支出为 290 元,平均全年结余 3500 元左右。农民工群体每年带回农村数以千亿计的现金,成为购买农业生产资料和改善生活条件的重要资金来源,对农业和农村发展的促进作用十分巨大。农民工在城市务工经商,接受了现代工业文明和城市文明的洗礼,他们的生活方式和思想观念也发生了重要的变化。他们在工作中锻炼了才干、增长了本领,丰富了社会关系网络,人力资本的价值得到提升,也促进了自身的现代化。一部分外出打工的农民在激烈的竞争环境中出于生存和发展的需要,选择回乡创业之路,他们掌握了特定的技术、社会经验、创业精神,具有较高的个人素质,因而从整体上提升了农村人口的综合素质,增强了农村地区的发展能力。2003 年至 2007 年 4 月,就有 43%左右的打工者回乡创业,他们带回了资金、技术、市场经营观念和现代管理方式,带动了农村各行各业的繁荣和发展。这种"劳务东进,资金西流"的现象已经成为一种必然趋势。

3.农民工流动就业推动了城市经济与社会的发展

近年来,我国城市面貌发生了翻天覆地的变化,一座座高楼拔地而起,一条条马路不断延伸,一个个市场不断扩大,这些变化无不凝结着农民工辛勤劳动的汗水。在北京、上海、广州、深圳这些发达城市,从事城市环卫、家政、餐饮服务的工作人员绝大多数是农民工。离开农民工,这些城市的正常运转就很难维持,甚至会陷于瘫痪。每年春节,大批农民工返乡过年,像北京这样的大城市就会出现家政服务人员严重短缺的现象,城市运行功能和居民生活都受到严重影响。农民工已成为促进城市建设与繁荣的生力军。首先,农民工为城市提供了充足的廉价劳动力资源,是城市建设的重要力量。农民工凭借吃苦耐劳、勤奋进取、任劳任怨的精神,忍受着低工资和城市社会某些方面的排斥,获得了城市用工单位的青睐,在城市的竞争中站住了脚跟,规模日益扩大,如今已成为城市经济与社会发展不可或缺的重要力量。现在,在二、三产业就业的农民工人数已经远远超过了有城镇户籍的职工,如在加工制造业中农民工占68%,在建筑业中接近80%,在第三产业的批发、零售、餐饮业中占52%以上。其次,农民工的劳动直接推动了城市经济的增长与繁荣。农民工已是我国产业工人的重要组成部分,它们低廉的劳动力成本为城市经济的快速发展提供了大量的资本积累。大量农民工进入城市,从事制造业、建筑业、餐饮服务业等劳动,为东部地区吸引外资和发展出口贸易创造了条件,也为其把握机遇承接国际劳动密集型产业转移创造了条件,使我国迅速发展成为"世界加工厂"。再次,大量农民工进城加快了我国城市化的步伐。在我国尽管农民工流向城市具有不彻底性,但从长远来看,他们终究是要融入城市的。世界各国的发展历程表明,移民是工业化、城市化的基本动力,城市化、工业化也对移民提出了新的要求,通过城市辐射到农村,带动全面的现代化。尽管目前农民工在现行的体制下还不能成为城市社会的正式移民,但他们已对城市化的发展产生了积极的影响。

4.农民工流动就业促进了现代化建设的进程

农民工跨地区流动就业蕴含着深刻的体制变革因素,是推动改革和制度创新的重要力量。农民工这一庞大的社会群体冲开城门,大规模、大范围跨区域流动,增强了整个社会的生机和活力,也对城市社会管理体制提出了挑战。同时,也极大地推动了政府职能和管理方式的转变。在解决农民工问题中,各级政府的职能定位、管理理念、行为方式也都悄然发生变化,传统的户籍制度、劳动就业制度和社会保障制度正在发生变革。首先,大规模的农民工流动就业促进了我国劳动力市场的发育。数量庞大的农民工进入城市,他们依靠市场信息寻求就业机会,通过劳动者与企业供需双方的自主意愿来实现劳动就业,形成了以市场为主导的劳动力资源配置的新机制,从而有力地推动了城市劳动用工制度的变革和工资制度的改革,在客观上推动了劳动力市场的发育。其次,大规模的农民工流动就业为我国现代化建设的顺利进行提供了坚强保障。发展中国家在经济快速起步的时期,由于生产还处在劳动密集型阶段,对劳动力需求很大,因而很容易拉动工资水平上涨,从而减弱经济高速发展的势头,并破坏改革和现代化建设的进程。但在当代中国,在东南沿海发达地区经济迅速发展的时候,从中西部而来的大量农民工,其劳务价格十分低廉,使东南沿海发达地区的经济发展避免了劳动力的供给"瓶颈",保持了这些地区经济发展较好的增长势头。再次,大规模的农民工流动就业打破了城乡二元制度壁垒,客观上促进了传统的社会管理制度的改革。随着以市场为取向的改革不断深入,旨在限制社会成员在区域间自由流动的城乡二元制度的弊端日益暴露,以户籍制度为中心的城乡二元制度的改革势在必行。大量农民工的流动对城乡二元制度起到了极大的冲击作用,传统的城乡关系格局、区域关系格局已大大松动。事实上,大规模的农民工流动就业已促使一些地方开始对户籍制度着手进行改革,并对现存的城乡有别的就业、医疗、养老保险、社会保障等制度以及农村的土地流转制度提出了有力的挑战。

(四)我国农民工流动就业的主要问题

从经济学的角度看,农民工的有序合理流动就业,是市场经济发展的必然趋势和结果,也是城乡经济社会一体化发展的客观需要。目前,我国农民工流动就业仍然处于一种无序状态,把农民工流动就业纳入国家管理体制,实现从无序向有序的转变,是国家管理农民工流动就业的必然趋势。目前,我国农民工流动就业主要存在以下问题。

1.城乡二元结构阻碍了农民工流动就业

在土地、资金等资源大量流入城市的同时,政府为了减轻工业化过程中农村劳动力转移对城市化造成的压力,确立了包括土地政策、户籍政策、财政政策、就业政策、住房政策、社会保障政策等在内的一整套城乡隔离的政策体系,基本上堵死了农村劳动力自由流入城市的通道,使大批农村富余劳动力不能随着工业化的推进而及时向城市转移,被迫长期滞留在有限的土地上,从而造成农村严重的隐蔽性失业问题。可见,在二元经济体制下,城市在源源不断地从农村汲取资源的同时,却将农民排斥在城市化之外,农村过多的人口与有限的资金和土地之间的矛盾更加突出,各种社会问题也越来越尖锐。目前农民工可以进城务工经商,但他们不能与城市人口进行平等的就业竞争,更不能得到与城市居民相同的待遇。依附在户籍制度上的上学、居住、就业、社保等社会功能,使农民工子女不能享受城市中小学生的上学待遇,使农民工在城市就业面临门槛高、工资低、受歧视等不公平待遇,不能享受同等的劳动保障权、医疗养老保障权、同工同酬权等合法权利。与此同时,由于农民工就业稳定性差、流动性强,多数企业并没有把农民工当作稳定的产业工人来对待。而且,农民工大多在劳动密集型的制造业和建筑业就业,这些行业的很多就业岗位会随着产业更替和市场周期的波动而变化。另外一些就业岗位对劳动力的需求变化很大,如某些服务行业本身就是非固定、非正规的,需求大时就雇用大量的农民工,而需求急剧下降时他们就必须解雇一部分农民工。再加上农民工就业签订用工合同的数量很少,就业就没有法律保障。因此,许多农民工随时都面临被解雇的风险。事实上,农民工依然处在我国社会阶层的最底层,这支庞大的劳动大军人仍然游离于现代职业体系之外。

2.农业生产率的提高增加了农业剩余劳动力

在我国,农业生产机械化和生物技术的广泛应用,使农业生产力得到很大提高,大量的农业劳动力从传统的农业生产中被排挤出来,大大减少了劳动力的使用量,农业剩余劳动力的数量不断提高。尽管我国丘陵地区基本上仍然是沿用传统的耕作方法,但在平原地区,农业生产条件已经得到了很大改善,逐步走上了机械化、水利化、电气化的道路。与此同时,耕、种、排灌、收割、运输等实行一条龙机械化作业的面积也逐年增加。特别是20世纪80年代以来,劳动投入在农业生产中的统治地位越来越受到挑战,农业生产的增长依赖于资金和技术的投入越来越突出,加剧了我国农村富余劳动力队伍的膨胀。据估计,我国因农业用地减少和农业劳动生产率的不断提高,每年新产生农业富余劳动力600万人。随着农业科学技术水平的提高，这一现象将变得越来越严重。同时，家庭联产承包责任制的实施，充分调动了农民的生产积极性，也使农业劳动生产率大大提高，导致剩余劳动力的增长。

3.农民工的就业环境不宽松

农民工进城就业的行业、工种限制虽然正在逐步取消，但仍存在其他制度性的限制，对农民工就业歧视还未完全消除。首先，农民工劳动安全卫生条件较差，往往缺乏最基本的劳动保护。农民工拿着最低的工资，却干着最重、最苦、最脏、最累、最危险的活，他们集中在劳动密集型产业和劳动环境差、危险性高的劳动岗位，尤其是城里人不愿干的建筑施工作业、井下采掘、有毒有害、餐饮服务、环卫清洁等工作。而且，许多企业使用缺乏防护措施的旧机器，噪音、粉尘、有毒气体严重超标，又不配备必需的安全防护设施和劳保用品，对农民工不进行必要的安全培训，致使其发生职业病和工伤事故的比例高。据国家安全生产监督管理局统计，全国每年因工伤致残人员近70万。工伤和职业病已经成为一个重大的公共卫生问题和社会问题。再次，城镇公共就业管理服务体系对农民工开放还需解决观念、体制和物质技术条件等问题，让农民工享受与城镇居民同等的公共就业服务还需做大量工作。近几年，农民工的工资收入虽然有所上升，但农民工在城镇的生活成本也在迅速增加，农民工务工收入在扣除住房、子女教育、生活消费等方面开支后所剩不多,享受不到与城镇居民同等的公共资源和服务,另外,还有大量额外支出,这些都在一定程度上影响了农民工流动就业的积极性。再次,农民工不能平等地获得就业权利和公共就业服务。一些城市以优先保障市民就业为理由,设置地方保护门槛,在招工程序、招工比例、务工领域、行业工种等方面设置壁垒,使农民工遭受就业歧视。一些企业为降低人工成本,恶意逃避责任,滥用试用期,把农民工作为廉价的临时工使用,不愿意与农民工签订劳动合同。农民工缺乏劳动就业培训的机会,技能素质不适应劳动力市场需求的问题十分突出。现行"阳光工程"的培训对象主要是尚未外出的农民,城市政府组织的就业培训对象主要是城镇下岗失业人员,企业也不愿意对农民工进行在岗和转岗技能培训。一些地方出现的"民工荒",既反映农民工对低收入状况的不满,又折射出经过专业技能培训的农民工短缺问题。

4.农民工权益缺乏社会保障

虽然近几年国家把保障农民工合法权益放在重要位置,但是还没有建立起权益保障的长效机制。一是农民工的经济权益得不到有效保障。尽管国家采取了一系列的政策措施,农民工工资拖欠问题得到了缓解,但由于没有形成制度,有些行业和用人单位拖欠农民工工资的现象仍然十分严重。此外,农民工工作时间长、工作强度大的状况也没有得到根本改变,农民工与城镇职工同工同酬的机制还没有建立。目前,各地的最低工资标准普遍偏低,且调整缓慢,一些企业往往把最低工资标准当作实际支付给农民工的工资标准。受物价水平提高影响,农民工实际工资水平和生活消费水平在下降,与社会平均工资的差距不断扩大。2亿左右农民工的低工资,导致在国民财富分配中,劳动收入与财政收入、投资收益相比,所占份额明显偏低。数据显示,1990～2005年,我国劳动者报酬占GDP的比例从53.4%降低到41.4%,降低了12个百分点。而城镇职工工资水平是不断上升的,因此,工资占GDP比重降低的原因只能是农民工工资水平的下降。农民工超时间、超强度劳动现象非常普遍,休息权利没有保证。据国家统计局2004年所作的典型调查,农民工日工作时间为11个小时,每月工作超过26天,76%的农民工在节假日加班未享受过加班工资。有些企业甚至通过扣留部分工资做押金,强迫农民工加班加点。二是农民工参保率普遍偏低。在五大社会保险中,农民工工伤保险的参保率仅为12.9%,养老保险的总体参保率仅为15%,保险的平均参保率约为10%,失业保险和生育保险仍与绝大多数农民工无缘。而基本养老保险由于不能跨地区转移,一些地方已参保的农民工也纷纷退保。同时,当前农民工面临巨大劳动安全风险,许多农民工发生工伤事故得不到及时的治疗和经济赔偿,拖着伤残的身体回到原籍,成为农村新的贫困户。由于无法承担城市高额的医疗费用,农民工生病时,只能到江湖郎中和其他私人诊所看病,或者只能硬抗,因病重新返贫问题十分突出。虽然目前农民养老问题不突出,但由于农民工数量庞大,如果不及时采取措施,几十年后必然会成为社会沉重的包袱。三是农民工子女发展的权益得不到保障。农民工子女很多不能适龄入学,失学问题严重,入学、就学过程中的不公平现象也十分明显,被歧视感很重,不利身心发展。由于农民工的身份、收入、流动特点,面对城市学校尤其是公办学校昂贵的求学成本,他们心有余而力不足。尽管公立学校的入学门槛降低了,可是隐性的费用仍比较高,除了应交的课本费、学杂费外,还有很多其他费用(如午餐费、服装费、春游、上网、班费,或兴趣小组等),公立学校学生的午餐费、零食费用都比打工子弟学校高得多,这限制了部分农民工送子女入公立学校的积极性。以北京为例,2006年北京市教委统计表明,在总数约40万包括农民工子女在内的外来户籍儿童中,公办学校只接纳了62%,还有十几万流动儿童(主要是低收入的农民工子女)就读于民办打工子弟学校。城市农民工子弟学校基本上得不到当地政府的财政支持,只能依靠高收费来维持运转,这就加重了农民工子女教育的负担,导致了一部分农民工子女辍学在家。另外,农民工家庭父母长期在外打工,留守农村的孩子由于无人看管,缺乏良好教育,辍学、失学人数增多。

5.农民工自身素质难以适应形势的需要

由于教育机会不均等导致农民知识结构匮乏、专业技能不高,总体素质较低,自我保护意识差。我国农业剩余劳动力技术素质偏低而非农产业技术素质要求提高必然构成现在和未来实现转移就业的主要矛盾。据《中国青年报》2005 年相关报道,当前,我国农民平均受教育年限不足 7 年,4.8 亿农村劳动力中,小学文化程度和文盲半文盲占 40.31%,初中文化程度占 48.07%,高中以上文化程度仅占 11.62%,大专以上只有 0.5%。而劳动和社会保障部相关调查也显示:2002 年全国农村外出劳动力平均受教育年限也只有 8.80 年。《2000 年中国农村劳动力就业及流动状况》中对农村转移劳动力的文化程度也做了统计。数据显示:转移劳动力中高中以上教育程度者仅占 13.38%,大中专以上只占 6.05%,受过职业技能培训和取得职业资格证书的人更少。劳动与社会保障部公布的 2005 年第一季度全国 104 个城市劳动力市场职业供求状况分析报告显示:有 89.1%的用人单位对求职者的文化程度有要求。其中,要求高中文化程度的用人需求占总体需求的 35.5%,对初中及以下文化程度的需求比重为 33.4%,对大专文化程度求职者的需求比重为 14.5%,对大学及以上文化程度求职者的需求比重为 5.7%。从用人需求对技术等级的要求看,对技术等级有明确要求的占总需求人数的 49.5%,主要集中在初级工、中级工和技术员、工程师,其所占比重合计为 42%。从农村转移出来的劳动者文化水平低,缺乏必要的职业技能和职业资格证书,很难适应劳动力市场的需求。可见,即使城乡统一的劳动力市场形成,他们也很难实现就业,尤其是面对需要中高层次文化水平和技能在内的就业准入相对较高的部门和行业。从企业对技术工的需求看:企业对一般技术工的需求普遍在70%以上。一方是因技术工短缺引起的"民工荒",一方面是大量年轻农民工不断加入农民工大军形成的"民工潮"。民工潮与民工荒现象已经使农业剩余劳动力技术素质偏低和非农业技术素质要求提高的矛盾暴露无遗。

三、促进我国农民工流动就业的对策

深入贯彻党的十七大和十七届三中全会精神,按照贯彻落实科学发展观和建设社会主义和谐社会的要求,坚持立足中国现阶段的国情,坚持以人为本的施政理念,坚持统筹城乡发展的方针,坚持完善政策、改革体制和创新制度。要逐步建立城乡统一的劳动力市场和公平竞争的就业制度,充分发挥市场配置劳动力资源的基础性作用;建立促进农村劳动力转移就业的培训体系,大力培养高素质的劳动者和技能型人才;建立保障农民工合法权益的执法监督机制,彻底解决有法不依、执法不严、违法不究的问题;建立惠及农民工的城市公共服务体制,全面加强政府对农民工的管理和服务工作。要进一步拓宽农民工就业渠道,引导农民工合理有序流动,逐步改变城乡分割的二元结构,为从根本上解决"三农"问题,促进社会主义新农村建设,为推动中国特色的工

业化、城镇化健康发展,为顺利实现全面建设小康社会的宏伟目标而努力。

(一)破除体制性障碍,为农民工流动就业创造宽松环境

1.深化户籍制度改革

推进户籍管理制度改革,是完善社会主义市场经济体制的一项重要任务,也是解决"三农"问题的一项重大举措。目前,国家有关部门、有关方面经过长期深入研究,已大致形成了户籍管理制度改革的基本思路:就是要建立城乡统一的户口登记管理制度;以具有"合法固定住所"为基本条件,调整户口迁移政策;实行暂住人口居住登记簿制度;完善居民身份证制度,逐步实现从户口登记向人口登记的转变。

(1)在宪法中明确赋予公民自由流动的权利,为农民工流动就业创造最为根本的权利保障。

当前,随着改革的深入,其他方面的改革都已经取得很大的成绩,但是在户籍管理方面仍然没有弄清楚改革的方向。我国必须首先在宪法中赋予公民自由流动的权利,并以此为基点,逐步推进现有户籍制度改革。同时紧紧围绕流动自由权,积极构建新的城乡体制,为农民工取得平等劳动者地位铺平道路,清除城乡劳动力流动障碍,最终实现城乡一体化。

(2)改革现有的户籍管理模式,建立一体化的户籍管理新体制。

现行户籍管理体制,是新中国成立初期为了配合"优先发展重工业"的战略而产生的。这种管理模式适应当时计划经济条件下的经济社会状况,为社会主义建设和发展做出过巨大的贡献。随着改革开放的不断深入,传统户籍管理模式的弊端也日益凸现。根据世界上大多数国家的经验,将公安机关的户口管理和出入境管理职能、统计局的人口统计职能、民政部门的婚姻登记、人事部门的档案管理、银行系统的信用登记及其他部门管理的与公民个人身份相关的工作交由专门的部门管理,在全国建立一体化人口管理体制,就可以避免个人身份状况被多个职能部门管理,也有利于保证户口登记项目的统一性,不仅能很好地解决"其他部门管不了"的问题,而且可以解决"公安部门离不开"的现实问题。

(3)尽快制定出台《户籍法》,实现城乡户籍的真正统一。

现有户籍制度是实现我国经济社会由二元向一元转变的最大障碍。打破二元户籍管理结构,构建城乡统一的户籍管理制度是实现统筹城乡发展的内在要求。在完善身份证登记管理制度的基础上,其他证件一律取消,做到"一人一卡、一卡一生",彻底切断户口与积极福利之间的关联。建立城乡统一的户籍管理制度,消除人口流动的行政限制,有利于维护劳动者的平等地位,从而可以极大地调动劳动者的积极性和创造性。"人人平等"的价值取向,有助于树立个人能力至上的价值观念,提高人们市场竞争的意识,对我国市场经济体制改革有着十分深远的意义。

2.改革和完善农村土地制度

当前,土地缺乏合理的流转机制逐渐成为制约农民增收和农村剩余劳动力流动的瓶颈,需要稳步推进农村土地流转制度改革,创新农村土地流转模式,提高农民收入和增加农民财富,带动农村消费、加速农村城镇化进程。农村土地制度改革,既要有利于农村人口流动、农业劳动力的转移,让一部分已具备脱离土地从事非农产业的生产经营者无后顾之忧地割断与土地的脐带,加速非农产业转移的步伐,又要稳定农业生产,稳定农村社会,避免社会震动。我国的农村土地制度改革必须坚持"稳、严、活"的原则。"稳"即稳定的农村土地承包经营制度,"严"即严格的耕地保护制度。"活"即灵活的土地流转制度。

(1)稳定土地承包经营制度。

稳定和完善家庭承包经营的核心,是稳定土地承包关系。土地是农业最基本的生产要素,在农民社会保障尚未完全建立之前,也是农民可靠的社会保障。土地问题是农村最敏感的问题之一,因为它涉及千家万户的切身利益。稳定土地承包关系,是农村改革和发展的基本前提。只有土地承包关系稳定了,农民才会有长远的预期,愿意增加土地投入,进行农田基本建设,提高土地肥力;只有土地承包关系稳定了,农民才能解除后顾之忧,放心地进城进厂,从事第二、三产业,农村的分工分业和结构调整才能顺利进行;只有土地承包关系稳定了,产权明晰、管理规范、符合市场规律的土地流转机制才能真正建立起来,促使土地承包权和使用权进一步分离,解决"有地不种"和"没地可种"的矛盾。

(2)建立土地流转制度。

1998年10月召开的十五届三中全会的《决定》明确指出,要在30年的承包合同期内,赋予农民长期而有保障的土地使用权。也就是说,在30年承包合同期内,无论农民是否在从事农业,是否仍然以农业为生,除非他主动放弃土地,任何组织和个人都不得通过任何手段,使农民失去土地使用权。这个权益既包括农民对所承包土地的自主经营权和收益权,也包括转让土地后与原来占有土地时等值的收益权 (其中包括土地价值增值以后的级差收益权)。农户这一土地权益的保障是任何形式的土地使用权流转的基石。任何偏离这一原则的土地使用权流转,都会导致对农民土地权益的侵犯。2007年10月1日起施行的《中华人民共和国物权法》,第一次在用益物权中规定了承包经营权,承认了承包经营权的物权,这是在不改变我国农村集体土地的性质的基础上,最大限度地保护农民利益的重大举措。土地承包经营权的物权化也为稳定承包经营关系提供了法律保障。

(3)严格土地治理制度。

我国的土地管理制度改革已刻不容缓,《中共中央关于推进农村改革发展若干重大问题的决定》对农村征地制度、农村集体建设用地的开发和经营、逐步建立城乡统一的建设用地市场等方面，都提出了明确的改革方向。只有建立科学公正的土地使用、流转制度，合理配置与高效地利用土地资源，土地管理中公权与私权取得平衡，才能保证国家粮食安全、社会和谐稳定。第一，落实最严格的耕地保护制度，坚守18亿亩耕地红线。重点是强化规划控制，划定永久基本农田，建立补偿机制，确保基本农田总量不减少，用途不改变，质量要提高；严格耕地占补平衡，实行先补后占，不允许跨省（区、市）实行异地占补平衡；积极推进土地整理复垦开发；严格考核，落实共同责任机制。第二，落实最严格的节约用地制度，严格控制城乡建设用地总规模。重点是从规划、标准、市场配置、评价考核等方面来完善制度；完善并严格执行节约用地的标准，形成激励约束机制；深化有偿使用制度改革，扩大土地有偿使用的范围。完善宅基地管理，保护农民宅基地的用益物权。第三，做好农村土地确权登记颁证工作，细化土地分类，严格土地用途管制。要利用第二次全国土地调查的机会，全面推进农村土地确权登记颁证工作。流转的土地必须确权登记，还要积极开展农村土地产权制度的研究，明确产权主体、落实权能。第四，推进征地制度改革，完善征地补偿机制。逐步缩小征地范围，严格界定公益性和经营性建设用地；按照同地同价、及时足额、合理补偿的要求，完善补偿机制；解决好被征地农民的就业、住房和社会保障。在规划划定的相同区片内,征地应采取统一标准补偿农民,征地补偿标准不随项目性质不同而不同。在征地过程中要维护被征地农民的知情权、参与权、监督权和申诉权,逐步建立和完善征地补偿争议的协调裁决机制,为被征地农民提供法律援助。第五,规范集体经营性建设用地流转。各地务必慎重操作,严格规范。农村集体土地不能搞房地产开发,不能搞高尔夫球场建设,也不能搞不符合土地供应政策和产业政策的项目。第六,完善监察和督察制度,对监察者和督察者也建立相应的责任追究制度,规范检查程序和行为。

3.构建农民工社会保障制度

农民工的社会保障问题,归根结底是在新形势下重新调整国家、企业和农民工个人三者之间利益关系的重大问题。适应城镇化、老龄化和国家长远发展的需要,将农民工纳入社会保障势在必行。总的来看,各地农民工社会保险尚处于起步阶段,多种制度并行,参保率很低。主要原因有两条:一是城镇社会保险门槛高,操作缺乏灵活性。二是社会保险关系无法转移,农民工参保后的权益得不到保障。在设计农民工社会保障制度时,要根据农民工最紧迫的社会保障需求、农民工流动性强和工资收入低的特点,按照轻重缓急、分类指导、稳步推进的原则,逐步解决农民工的社会保障问题。具体政策措施如下:

（1）加强法制建设与监管力度。

尽快制定覆盖全体劳动者的《社会保障法》，专门制定关于农民工社会保障的法规，确保社会保障制度的公平、合理和有效，使农民工的社会保障权益切实得到保障；尽快研究出台农民工社会保险关系的转移和接续办法，建立全国统一的农民工个人账户网络信息管理系统，实施一体化、网络化管理，使农民工社会保险关系实现地区、省内地(市)间、城乡间的转移和接续。同时，还应制定农民工社会保险关系中断后的补办措施及办法，增强农民工社会保障的灵活性和适应性；尽快建立全国统一的农民工社会保障管理机构，监督检查农民工社会保障基金的征收、管理、经营和使用情况。

（2）加大对农民工社会保障的投入力度。

中央政府应加大对农民工社会保障的投入力度，地方财政投入也必须尽快落实到位，合理提高社会保障支出占财政总支出的比重，增强社会保障的可持续性。首先，逐步化解制度的转轨成本。政府应逐步支付社会养老保险资金筹集模式由现收现付型向部分积累型转变过程中的转轨成本，承担财务上的兜底责任，避免城镇社会养老保险向个人账户透支造成缴费率畸高和个人账户"空账运行"。政府可通过发行国债等多种渠道筹集资金，分期负担，逐年化解转轨成本。其次，积极探索将市场机制更多地引入社会保障体系，努力提高其运行效率。由于全国性商业保险公司的组织架构不受区域限制,只要设置了该公司的机构,以农民工为主体的灵活就业人口将能够随时方便地将社保账户带到任何工作的地方。可以利用其遍布全国的保险机构担当农民工的"账户管理人",同时发挥商业保险公司在精算、管理、营销、人才和信息技术等方面的专业优势,设置各种个性化产品,解决好中断与接续的技术性问题。

(3)根据农民工二次分化现状分层分类保障。

二次分化后,农民工日益成为一个异质性的群体。一方面,他们的"市民化"程度不同,有的是为了实现从农民向市民的转换,有的只是为了在农闲的时候到城市打工获得一定的收入,有的则处于流动和观望状态;另一方面,农民工群体内部规避职业及生活风险的能力也出现分化。所以,应根据农民工二次分化后"市民化"程度的差异,以及他们面临的风险和规避风险能力的强弱分层分类保障。对于"市民化"较高的农民工,他们在城镇有稳定的职业和较固定的收入来源,可将其纳入城镇社会保障体系,健全养老、医疗和失业保险是关键。对于流动状态的农民工,应建立过渡性的社会保障体系,目前应优先解决他们的工伤保险问题,尽快建立和完善失业应急救助机制和其他救助项目。对于季节性外出的农民工,其"市民化"的可能性很小,大多属于传统的农民,可将其纳入农村社会保障体系。

4.构建城乡平等统一的劳动力就业市场

在我国典型的二元经济结构和严格的城乡户籍制度

基础上建立起来的劳动力市场具有明显的城乡二元分割特性。我国的劳动力市场既具有经济转型时期的非规范性，又具有发展中国家二元经济和二元社会结构的特征。因此，我国的劳动力市场从整体上划分为二元双层结构，一元是城市劳动力市场，另一元是农村劳动力市场。随着我国市场化改革的不断推进，二元劳动力市场的弊端也日益显露。首先，城乡居民人均收入差距扩大，加剧了城乡对立。其次，挫伤了农民工的劳动积极性，造成劳动力资源的浪费。再次，增加了农民工的流动的交易成本，阻碍了农村剩余劳动力的转移。因此，必须建立一个公平竞争、运行有序、调控有力、服务完善的全国统一的劳动力市场，促进农民工有序流动。推进改革，促进形成城乡开放、公平竞争、规范有序的劳动力市场，需要创造和完善以下制度和条件：

（1）实行城乡统筹的就业政策，实行平等就业制度。

进一步消除对农民进城务工的限制和歧视性规定，坚决破除限制、歧视农民进城就业的做法，努力形成以市场配置劳动力资源的新机制。如取消一切对进城就业农民工的不合理收费和对招收农民工的企业收取的流动人口就业调配费。将农民进城就业服务和管理费用纳入政府的财政预算，充分保障农民工自主就业、企业自主用工的权利。充分利用劳动力市场价格信号引导劳动力合理流动，调节数量供求，带动质量提高，拓展就业空间，实现劳动力资源的合理配置。

（2）发展运作规范的劳动力市场体系,完善职业介绍等中介服务组织

政府要在现有大中城市已形成的劳动力市场的基础上,进一步在流入劳动力较多的城镇,流出劳动力较多的地区中心城市,建立劳动力市场场所和公共设施。引导城镇公私中介组织进入相对集中的公共市场场所,进行"一站式"服务,有利于形成就业信息中心,开展服务竞争,方便进城农民和城镇求职者,也有利于政府部门进行规范管理,形成良好的市场秩序。城市政府举办的劳动力市场和公共就业服务机构,改变仅对城镇求职者服务的制度,而对进城农民实行开放并为其提供就业信息、职业介绍、就业指导等免费服务。政府就业机构实行"政事分离",主要是将行政监管职能与市场中介职能分离。改变一些地方对劳动力市场的部门垄断经营的状况。积极培育民间就业中介服务组织,特别是发展按市场需求开展培训,培训与职业介绍相结合的组织,发挥其对劳动者和企业服务的作用。

（3）建立一套规范劳动力市场各类主体行为的市场规则,使用人单位、求职者和中介机构有法可依,有章可循。

清理不符合城乡开放、公平竞争原则,对农民工进城就业实行歧视的政策和法规。劳动力市场在全国应是开放、统一的,有关劳动力市场的基本制度规定,也需要是全国统一的,应由全国人大及其常委会制定的法律来规

定,不能各行其是。制定与《劳动法》相配套的可操作的具体法规,加强对侵犯劳动者权益予以处罚的立法。

(4)建立良好的执法环境和市场秩序,保护劳动者和企业双方的合法权益。

推进劳动合同制,不能将不实行合同制的非正规用工企业范围划得过大,对用工单位拒绝签订合同的行为应予以纠正;劳动合同公证实行免费服务。政府要加大合同监管、劳资关系协调的力度,把有关法规、政策普及到企业和农民工中去,通过行政和群众自我维护权利两方面的力量,使农民工的合法权益得到维护,特别是保障农民工工资按时足额支付,纠正违背最低工资制度的行为。提高劳动执法队伍的素质,摆脱地方保护主义,保持执法的公正性、统一性。按照《工会法》发展和健全工会组织,吸收农民工加入,促进工会维护工人权益和谈判力量的提高,建立企业、劳动者(工会)、政府对劳资关系的协调机制。

(5)提高劳动力市场的信息化水平,形成城乡、区域沟通的灵敏的市场信息网络系统。

发达地区和城市加强对企业劳动力供求和进城农民工就业状况的信息收集,形成城市公共职业介绍网络与大型劳动力市场相结合的格局,实行劳动力市场信息联网和计算机信息网络管理。欠发达地区加强对农村富余劳动力资源、技能培训、自主创业、农民外出就业、回乡就业的信息收集。应积极推进市场信息网络建设,加强劳动力市场的信息收集、就业统计和信息管理工作。实行区域信息沟通，及时披露劳动力供求信息，增强劳动力市场宏观预测、综合分析的能力，提高劳动力市场的运行效率。

（6）增加对就业服务和劳动力市场监督管理的公共投入。

就业服务是政府公共服务的重要组成部分，劳动力市场场所公共设施建设，公共就业服务机构的运转，市场信息网络系统的建立，劳动力市场监管的加强，都需要获得公共投入的支持。沿海发达地区有的乡镇，有大量企业和几十万农民工，其规模相当一个中等城市，还是按普通乡镇配置劳动监管力量，服务和管理很不适应实际的需要，这种情况应当改变。

（二）完善相关政策，提高农民工流动就业能力

农民工就业问题是一个涉及方方面面的系统工程，必须统筹兼顾，因地制宜，制定和完善相关政策措施，提高农民工在城市就业的能力，保障农民工就业的基本权利。

1.加强对农民工的培训和就业服务

加强对农民工的教育培训，事关中国产业工人整体素质的提高，是造就适应现代化建设需要的新型产业大军的迫切要求。因此，政府必须搞好农民工的教育和就业服务，努力促进农民工自身素质和就业能力的提高。具体政策措施建议如下：

（1）统筹规划，明确责任，完善组织领导体系，加强部门间协调沟通，建立政府牵头、部门相互配合、社会各方参与的工作机制。

各级政府要高度重视农民工培训教育和就业服务工作，把提高农民工素质和促进农民工就业置于城乡就业工作和职业培训工作的大盘子中统筹考虑，将加强农民工的就业服务和职业培训作为重要内容纳入政府工作计划。明确劳动和社会保障部作为农民工职业技能培训工作的综合协调部门，负责牵头制定农民工培训规划和计划，制定农民工培训补贴政策，具体负责农民工就业前职业资格培训和鉴定工作、农民工在职培训工作的组织和指导；农业部、教育部、科技部、建设部、财政部、国务院扶贫办等部门按照各自职责统筹做好农民工培训工作。各地政府都要建立各部门协调配合的工作机制，共同搞好农民工培训的各项工作。

（2）强化公益服务与规范市场服务相结合，推动供求信息的沟通和对接，大力发展适合农民工需要的就业服务。

开展多种形式的劳动就业中介组织，逐步形成包括就业信息、咨询以及职业介绍、培训在内的社会化的就业服务体系，帮助劳动力对转移成本、收益、风险做出正确的判断，以减少因盲目性导致农村劳动力外出就业而遭受的损失。并且大力发展连接劳动力供求双方的职业介绍机构，加快劳动力市场信息网络建设；采取政府和民间等多种形式，开展农村劳动力的专业技能培训、文化培训和职业教育，增强农民的就业适应能力；建立和完善劳动法规和劳动力市场管理制度，规范市场主体行为，使企业和劳动者双方的合法权益都得到保障。

（3）制定和实施以项目为龙头的农民工国家培训计划，整合培训资源，创新培训方式，提高培训质量。

针对不同农民工群体对培训的需求，设立几大国家项目：一是设立面向几亿农户的电视(远程)培训国家项目，为准备外出的农民提供进城务工常识引导性培训、就业热门行业基本技能培训等课程，使农民足不出户就能免费获得基础培训；二是继续搞好"转移培训阳光工程"国家项目，强化培训与劳务输出结合，鼓励农民参加15~90天的短期实用技术培训；三是设立面向农村初高中毕业生和贫困地区青年的技术工人培训国家项目，强化技术工人订单培训，帮其实现稳定就业；四是设立面向农民工集中行业的农民工岗位培训国家项目，首先选择建筑、煤炭等行业先行，根据不同岗位和技能层次的要求，强制组织多种形式的在岗培训，使职工达到必要的国家职业标准。

（4）健全农村县乡就业服务体系，形成覆盖城乡的服务网络，从基层抓好组织服务和信息管理工作。

根据工作任务布置，健全乡镇劳动保障工作机构，聘用配备专职人员，解决开展服务工作经费。建立村信息员联系制度，形成上下相联的信息渠道，为准备外出就业的农民提供就业信息。特别重要的是,各级政府相关部门要加快劳动力市场信息计算机联网的步伐,建立劳务输出信息库,以农民为单位,对适龄外出劳动力逐一进行登记,对已外出劳动力的姓名、工作单位、收入、合同履行等情况进行摸底统计,广泛搜集外地可靠用工信息,对不同区域、不同职业(工种)、不同等级的农民工职业供求和工资价位进行调查分析,根据市场需求信息,合理设置培训专业,及时调整培训课程,提高输出人员的就业率。

(5)制定免费职业介绍和培训补贴政策;多渠道、大幅度增加农民工职业培训和就业服务资金投入。

完善公共就业服务政策,将免费职业指导和职业介绍政策扩大到在城市公共就业服务机构进行求职登记的农民工中。增加农民工输出前培训补贴,并将城市职业培训补贴政策扩大到在城市就业并参加了失业保险的失业农民合同制工人中。各级财政在促进就业资金中,应增加农民工公共就业服务补贴资金,中央财政要安排专项资金,用于实施农民工培训国家项目,同时还应出台鼓励民间资本投资农民工培训的优惠政策,放宽民间资本进入职业教育培训领域的准入条件。

2.完善农民工工资和用工管理

按时足额领取自己的劳动报酬,是农民进城务工就业后的第一要求。加强农民工的用工管理,则是保障农民工各项劳动权益的基础性工作。解决农民工工资问

题,要着力抓好以下四项制度:

(1)建立工资支付保证金制度,杜绝拖欠农民工工资的现象。

要认真治理中小型劳动密集型加工企业拖欠农民工工资问题。解决拖欠农民工工资问题,不仅要加大执法力度,而且还必须在建立预防和解决拖欠工资问题的长效机制上下工夫。政府相关部门要协调配合,推进工资支付保证金制度、工资支付监控制度和劳动保障守法诚信制度的建设,特别是要尽快推行工资保证金制度。在工程建设单位,可以要求在申请施工许可证前,按工程造价的一定比例缴纳保障金,存入在银行开设的农民工工资专用存款账户,专门用于农民工工资的支付。

(2)严格执行并不断完善最低工资制度,推动农民工工资水平合理增长。

首先,政府要根据当地就业者及其赡养人口的最低生活费用、城镇居民消费价格指数、职工个人缴纳的社会保险费和住房公积金、职工平均工资、经济发展水平、就业状况等因素,适时调整本地区最低工资标准。要加大对各地制定最低工资标准的指导和监督力度,落实两年至少调整一次的规定。其次,加强执行最低工资标准的执法力度。劳动保障部门要进一步加大执法监察力度,重点对私营企业、外商投资企业不执行最低工资标准、工时过长、不支付加班工资、压低克扣职工工资等问题加强监察。要以餐饮、商贸、服务等行业为重点,加强日常巡视检查和专项检查,对用人单位违反《最低工资规定》和最低工资标准的行为,要严肃查处。畅通举报投诉渠道。各级工会要把维护职工的经济权益作为当前维权工作的重中之重来抓,按照《最低工资规定》,加大对最低工资标准执行情况的监督检查力度。充分发挥职代会的作用,对用人单位违反劳动保障法律、法规和规章的情况进行监督,发现问题,及时督促政府部门及企业研究解决,切实维护职工的合法权益。再次,要加快构建适应社会主义市场经济要求的工资宏观调控体系,加强对本地区职工平均工资、企业人工成本、消费价格指数等指标的研究分析,定期发布劳动力市场工资指导价位、工资指导线等信息数据,加快推进人工成本预警预报制度建设,将政府工资宏观调控意图作用于企业,为企业确定科学合理的工资分配制度、工资标准、工资分配形式、工资调整水平等提供依据。

(3)全面推行劳动合同制度,切实加强劳动用工管理。

农民工在城市中就业出现的种种问题,大部分与用人单位不同农民工签订劳动合同或签订违反法律规定的合同有关,致使农民工合法权益难以得到有效保障。首先,必须严格贯彻执行《劳动法》和国家有关规定,推动各类企业同农民工按照平等自愿、协商一致、依法订立的原则签订劳动合同,重点抓好农民工比较集中的建筑、餐饮、加工等行业的劳动合同管理工作。其次,要制定适用于农民工的劳动合同示范文本，告知工资发放、社会保险、劳动安全、工作时间和休假制度等方面的规定，明确用人单位同农民工双方的权利与义务。再次，各地方要把劳动合同签订情况专项监察经常化，及时纠正劳动合同管理中存在的问题，对用人单位违反法律规定甚至采取欺诈手段同农民工签订合同的，要严肃查处。

3.加强农民工职业安全卫生制度建设

职业安全卫生事关劳动者的身体健康和生命安全，是农民工最基本的劳动权利，也是他们就业后最担心的问题。当前我国必须通过强化政府责任、严厉惩处违法、建立监督机制，以及增强农民工自我保护和维权意识等措施，使不法企业主有所顾忌，不敢违法。具体措施如下：

（1）落实职业危害防治工作责任制。

企业是防治职业危害的主体，企业法定代表人是职业危害防治工作的第一责任人。要将农民工的职业安全卫生工作纳入重要议事日程，制定工作计划，落实工作措施，坚持"安全第一、预防为主、综合治理"的方针，建立治理职业危害的长效管理机制。企业开工前必须按规定具备安全生产和职业病防治设施，向农民工告知可能的职业病危害，对他们进行安全知识培训，发放符合要求的安全防护用品。生产作业场所要严格执行各项职业安全卫生标准，严格落实国家关于女职工和未成年工特殊保护的有关规定，特别是有毒物品作业场所必须不折不扣地贯彻《有毒物品作业场所劳动保护条例》，为农民工提供的职工宿舍要符合基本的卫生要求。农民工一旦发生工伤和职业病，不论是否签订过劳动合同，用人单位必须负责到底，按国家规定标准进行赔付。提高企业职业安全卫生的科学保障水平，加强科技应用研究和成果推广，加大各种必备设施、劳动保护和技术改造的投入。

（2）加强依法行政，强化监督检查。

对重大的职业安全卫生危害事件除严厉惩处肇事者外，要启动引咎辞职程序，严肃追究领导责任。各级政府要按照《安全生产法》、《职业病防治法》等有关法律的规定，加强对作业场所农民工职业安全卫生状况的监督检查。要将 IT 产业、电子、化工、轻工、冶金、建材、机械、有色金属等行业作为监督检查的重点，控制和减少职业危害因素的发生。对遭受健康损害的农民工，要积极组织救治，并责令企业依法给予抚恤费、医疗费等各项职业病待遇，切实保障农民工权益。

（3）预防和处理重大职业危害事故。

各级政府都要加大对职业安全卫生的投入，扩大职业卫生服务覆盖面，保障职业卫生监测和职业病防治所必需的经费。逐步建立职业安全卫生信息系统，提高对事故的应急反应能力和处置能力，加强职业危害防治能力建设。用人单位和相关机构确保职业危害预防、控制所需物资和装备到位，包括职业中毒救治物资、个人防护用品、特效药品、快速检验试剂、应急检测仪器设备等。

（4）进一步完善监管体制。

按照国际上通行的做法，由安监部门全面负责职业病危害预防，卫生部门负责职业病治疗和鉴定，这也符合我国目前两部门工作的实际，有利于理顺关系，开展工作。建议国家有关部门在现有的工作基础上，着手《职业病防治法》等法律、法规的修订。尽快组织制定作业场所职业安全卫生监督检查、职业病危害项目申报、职业危害事故调查处理和职业卫生安全许可证管理等方面的法规、规章、办法，逐步完善作业场所职业接触限值、职业危害因素监测、有毒有害物质快速检测等相关标准，为顺利开展职业安全卫生监督执法提供依据和保障。

4.解决农民工子女教育问题

中国随父母流动的农民工学龄子女已是一个庞大的群体。如何让这些孩子顺利地上学接受义务教育，是农民工最为关心的问题，也是中国普及义务教育面临的一个新课题。保障农民工子女享受义务教育权利，则是政府义不容辞的责任。建议采取政策措施如下：

（1）明确流入地政府责任，保障农民工子女城市接受教育的权利。

农民工对流入地经济发展做出了巨大贡献，与他们同住的孩子有权利在当地接受义务教育。要继续坚持农民工子女义务教育"两为主"的原则,坚持农民工子女义务教育与当地人口一视同仁。流入地政府要将农民工子女教育纳入当地教育发展规划,纳入当地政府的教育经费预算,并根据区域人口变化情况,合理配置义务教育资源,保障以公办学校为主接收农民工子女接受义务教育。

(2)充分利用各种教育资源,提高流入地接收农民工子女入学的能力。

改进学校的预算管理办法,政府财政是以实际在校生人数为基准拨付经费的,这不仅可以提高经费使用效率,还可以鼓励公办学校充分挖掘潜力,增强对农民工子女的接收能力。在农民工流入数量大的地方,要根据实际人口的规模来规划教育的发展,增加投入力度,增加师资配备,加快校舍建设。中央和省级财政也应当对农民工流入较多的城市的学校建设给予适当支持,对接受农民工子女数量较多的学校给予特殊的经费补贴,尽快提高其接收农民工子女入学的能力。进一步完善支持民办学校发展的政策,把民办学校纳入教育发展规划。在当前公立学校接受能力有限的情况下,发展民办学校对解决农民工子女教育问题有十分积极的作用。流入地政府要在保证基本师资和安全要求的前提下,可适当放宽注册资金、场地等条件,鼓励民办学校办学。对经批准承担义务教育任务的民办学校,当地政府应当按学生人数拨付义务教育经费,并对教师工资给予补贴。

（3）改革学籍管理方式，方便农民工子女入学转学。

为了适应农民工流动性强的特点，要积极探索建立更加灵活的学籍管理制度和接纳学生入学的办法。加快建立电子学籍管理系统，实现中小学校学生课业、学籍等基本信息共享，为农民工子女的教育管理和入学转学提供便利。同时，也要加大力度建立健全农民工子女在居住地所在学区入学的管理制度和保障措施。

5.多种途径解决农民工住房问题

解决好农民工的住房问题，是改善农民工生活条件的需要，也是城市建设和发展的客观要求，是城市政府的一项义不容辞的责任。流入地政府要根据农民工的实际需求和经济社会发展的条件逐步改善农民工的居住条件，逐步放宽他们城市购房的限制，切实保障农民工的住房权利。

（1）鼓励有条件的企业建设职工宿舍。

这不仅有利于解决农民工的实际困难，有利于企业吸引农民工就业，而且有利于发挥企业在农民工管理与服务中的作用，减轻社会压力。用工量比较大、以外来农民工为主要用工对象的劳动密集型企业，要将农民工宿舍建设纳入企业基建、技改项目计划和用地计划。

（2）加强对城乡结合部和"城中村"的规划和管理。

要加强城乡结合部和"城中村"的规划管理，把改善这些地区的基础设施条件纳入城市建设的范围。在符合规划的条件下，应允许集体经济组织利用集体土地建设适合农民工需求的集体宿舍和家庭式住房。要规范房屋租赁管理,完善租赁服务,用于租赁的房屋应符合基本的卫生和安全要求。要禁止农民违法违规乱建棚户房,注意防止一些发展中国家出现的城市"贫民窟"现象。

（3）有条件的城市应建设主要面向农民工的低租金住房。

在有条件的城市,政府要引导房地产开发企业在合理规划的基础上,建设面向农民工的住房,向用人企业或农民工个人出租。地方政府应参照城镇经济适用房的有关政策,在土地供应、税收等方面给予优惠。要鼓励利用闲置厂房等建筑改造低租金住房,解决农民工居住问题。

（4）允许在城市具有稳定工作的农民工购买城市经济适用房。

农民工已成为城市人口的重要组成部分,随着经济的发展,最终选择在城市定居的农民工会越来越多。城市政府必须充分估计这一趋势,并在住房政策上有所考虑。应逐步将在城市长期生活、具有稳定工作的农民工,纳入城市经济适用房政策范围。当前应允许在城市工作时间长、贡献突出的农民工,比如劳动模范、技术骨干等,享受城市经济适用房政策。有条件的地方,城镇单位聘用农民工,用人单位和个人可缴存住房公积金,用于农民工购买或租赁自住住房。

6.维护农民工合法权益

农民工是弱势群体，其合法权益极易受到侵犯。农民工权益的维护主要依靠政府、社会和农民工自己的共同努力。对农民工而言，只有把自身素质提高了，才有可能运用国家的政策、法规来保护自己。而政府则需要统领全局，制定政策，切实为农民工搞好保障工作。具体政策措施如下：

（1）完善农民工维权法律法规，加大执法力度。

各级人大、政府要把维护农民工权益放在重要位置，加强调研工作，尽快清理、修改妨碍农民工享有平等权利的法规政策，为农民工维权营造良好的法制环境。与此同时，要加强劳动保障监察和执法力度，规范用人单位用人行为，督促用人单位认真执行国家的法律法规，对侵害农民工权益的行为要依法处理。劳动保障等有关部门要不断健全农民工维权投诉机制，开通便捷、快速、有效的投诉渠道，加强农民工维权的调解和处罚工作。同时，广泛开展法制宣传教育，增强农民工的法律意识和维权能力。

（2）充分发挥工会在农民工维权中的重要作用。

维护农民工的合法权益，是各级工会组织的重要职责，是新时期工会工作的重要内容。要积极组织农民工加入工会。政府相关部门要在开展审批新建企业章程、登记注册、年度检查、劳动保障监察、税收等工作时，督促企业依法组建工会，重点要做好非公有制企业工会组建和维权工作。企业要依法保障农民工参加和组织工会的权利,为工会正常开展工作创造必要条件,依法拨付工会经费,不得干预工会事务。要不断完善工会维权机制。各级工会要以劳动合同、劳动工资、劳动条件和职业安全卫生为重点,广泛开展包括农民工在内的职工维权活动。

(3)加大对农民工的法律援助力度。

要把农民工作为法律援助的重点对象。农民工作为弱势群体,在仲裁和诉讼中很难做到平等地主张自己的权利,为他们提供必要的法律援助具有十分特殊和重要的作用。近年来,一些地方组织律师、基层法律服务工作者及社会组织人员,针对农民工发生几率较高的工伤赔偿、劳资纠纷、交通事故等案件,开展多种形式对农民工的法律援助工作,取得积极成效。不少地方为做好农民工维权工作,专门设立了"外来务工人员法律援助工作站"、"咨询投诉站"等,方便农民工来访、咨询并及时受理法律援助申请。现在的主要问题是,随着农民工维权意识的增强,请求法律援助的农民工越来越多,造成农民工维权的法律援助经费和人力资源普遍不足。为此,各级政府要进一步加大对法律援助工作的投入,可考虑建立农民工法律援助专项资金,专用于为农民工办理法律援助案件、开展法律咨询活动、普法教育等开支,为法律援助机构开展农民工维权工作提供经费保障。

(4)完善劳动争议处理机制和有关司法程序。

要改革现行劳动争议处理制度,避免农民工因耗不起时间、精力而被迫放弃仲裁权利。对涉及农民工权益的劳动纠纷,企业劳动争议调解组织、各级劳动争议仲裁机构、法院要优先处理,对确有困难的农民工,可适当减、缓、免仲裁费、诉讼费。考虑到中国转型时期劳动关系复杂多样,劳动争议案例繁多、农民工维权问题突出、司法"门槛"过高且承载能力有限等因素,建议:一是总结推广广东等地建立劳动争议仲裁院的做法,由"一裁两审"改变为"一裁一审"或"两裁终审"、"或裁或审";二是借鉴德国等一些发达国家的经验,立法简化劳动争议处理程序,设立专门的劳动保障法庭,为农民工维权提供方便、快捷的司法支持。

(三)大力发展县域经济,促进农民工就地就近就业

农民工进城务工是我国农村剩余劳动力转移就业的重要途径。但从长远和我国的实际情况看,在促进农民工跨地区流动就业的同时,还必须大力发展县域经济,促进农民工就地就近就业。首先,这种方式更容易被农民工接受。农民工在乡村有亲属、土地和社会人际关系的联系,他们在思想理念、社会价值、主体意识等方面比较一致,相互融合、沟通、交流比较容易。农民工就地就近就业,不改变农民工就业的基本文化背景,不改变农民工的基本生活方式,对农民工来讲,很容易适应这种模式。其次,符合我国农民工就业兼业性的特点。农民工户籍在农村,又有自己的承包土地,大部分都不会完全离开农业。大量的农民工亦工亦农、兼业务农,将是今后

相当长时期的一个重要趋势。从发达国家的经验看,即使实现工业化以后,兼业农户仍然在农户总量中占有相当大的比重。农民工在乡镇企业或者本县区内就业,可以充分利用农闲时间从事二、三产业,提高农民工家庭收入水平。这种"离土不离乡"的就业模式,既增加了就业,又促进了乡镇企业和县域经济发展,从而创造更多的就业岗位,形成一个不断发展的良性循环,推动城乡统筹发展和就业。再次,有利于区域平衡发展,避免"大城市病"。一些发展中国家由于农村人口向城市转移过快过于集中,出现了"大城市病",造成了严重的社会问题。我国农民工数量庞大,并且会持续扩大,与此同时,我国城市建设相对不足,难以全部容纳数量如此庞大的农民工群体,因此,促进农民工就地就近就业,可以促进人口和产业的合理布局,避免各种资源过度地集中于少数地区和大城市,还可以推动县域经济发展和新农村建设。具体措施如下:

1.合理定位县域产业,发展特色经济扩大就业

中央、省和市政府要在国民经济和社会发展规划中统筹考虑县域经济发展问题,加强对县域经济发展规划编制和实施的指导。县级政府要按照"五个统筹"的要求,摸清县域资源优势,积极探索发展特色经济,制定并实施好县域经济发展总体规划。要充分利用当地的区位、资源、人文等优势,经营强项,弘扬特色,使资源优势转化为经济优势,把比较优势转化为竞争优势,依靠特

色提升核心竞争力。合理开发农林、特产、矿产、旅游等
各种资源和产业,一村一品、一镇一品,拉长产业链,形
成小企业集群,把地方特色产品打造成精品,走向国内
外市场。搞好城乡产业融合。统一衔接县域内工农商贸
布局、产业发展、生态治理、基础设施建设等各项行业性
规划,突出特色,优化一、二、三产业布局,加快产业结构
调整与升级,发展关联度高的优势产业集群,促进城乡
产业优势互补的一体化发展。做大做强县域支柱产业。
支持县域突出抓好主导产业,打破行政区划界限,集中
连片布局,推动资产重组,提高县域产业聚集度,逐步形
成专业化生产、特色化经营、社会化分工协作的县域经
济发展格局。

2.大力发展劳动密集型产业和服务业

县政府要根据本县实际情况,加大资源开发力度,积
极发展农副产品加工、纺织服装、玩具鞋帽等劳动密集
型产业。要鼓励和支持劳动密集型的个体私营经济、乡
镇企业加快发展,优化结构,提升产业层次。同时,要高
度重视服务业吸纳就业和推动县域经济的作用,服务业
领域行业多,门类广,劳动密集、技术密集、知识密集行
业并存,就业方式灵活多样,在吸纳就业方面具有独特
的优势。与工业制造业相比,服务业还具有资源消耗低、
环境污染小等特点,有利于我国节能减排和保护环境,
从而实现可持续发展。县级政府要合理引导农民进镇入
区,以县城和中心镇为中心,发展餐饮、商贸、旅游、交通

运输等服务业。进一步培育发展商品市场、生产要素市场和中介服务。积极发展文化产业和旅游业,促进关联产业发展。积极运用现代经营方式和服务技术,改造传统服务业,发展现代物流、社区服务等新兴产业,提高服务业发展水平。

3.积极推动农业产业化经营

农业产业化经营,以市场为导向,以效益为中心,依靠龙头带动和科技进步,对农业和农村经济实行区域化布局、专业化生产、一体化经营、社会化服务和企业化管理,形成贸工农一体化、产供销一条龙的农村经济的经营方式和产业组织形式。积极发展农业产业化经营,具有重要意义。第一,发展农业产业化经营是扭转农业弱质低效局面的根本出路。农业产业化有利于解决农业社会效益高与经济效益低之间的矛盾,提高农业比较效益,增加农民收入。第二,有利于解决小生产与大市场的矛盾,引导农民进入市场。它有利于逐步实现农业生产的市场化。第三,有利于解决农户经营规模狭小与现代农业要求之间的矛盾,促进传统农业向现代农业转变。第四,有利于提高农业的生产力水平,实现经济增长方式由粗放型向集约型的转变。它有利于优化农村产业结构,建立高效农业体系。第五,有利于缩小工农差别,城乡差别,实现城乡一体化。它有利于促进剩余劳动力的转移,加快城乡一体化发展。推进农业产业化,就是要在确定主导产业的基础上,实行区域布局,依靠龙头带动,发展规模经营,形成市场牵龙头、龙头带基地、基地连农户的产业组织形式。一要进一步做大做强龙头企业。加大对龙头企业的科技投入,提升企业员工人力资本,增强企业发展后劲。提供优惠政策,鼓励龙头企业在平等互利基础上,开展多种方式的合作与联合,扩大企业规模,增强企业的市场竞争力。积极引导实力雄厚的龙头企业积极实施"引进来、走出去"战略,引进国际先进的技术、工艺和配方,积极开拓国际市场。二要大力发展农产品精深加工。延伸农产品加工产业链,不仅能够提高农产品本身的附加值,而且还可以创造就业岗位。县级政府要做好农产品加工业发展规划,组织实施农产品加工重大技术的攻关和推广,支持农产品加工企业设备工艺改造、建立研发机构和检测检验体系、质量标准体系等,组织好农产品加工标准的制定、修订和实施。

4.积极扶持乡镇企业和中小企业

发展乡镇企业和中小企业是增加就业岗位、缓解城乡就业压力的现实有效途径,是我国现代化进程中必须长期坚持的基本方针。目前,乡镇企业、中小企业已经成为县域经济的主体,是县域内农村劳动力转移就业的主要载体,也是进一步发展县域经济的潜力所在。要把发展乡镇企业、中小企业作为县域经济的主要增长点,进一步深化改革,消除制约乡镇企业、中小企业发展的体制障碍。稳步推进产权制度改革,按照积极支持、正确引导、总结经验、逐步规范的方针,引导有条件的乡镇企

业、中小企业建立现代产权制度和现代企业制度。按照
"谁投资、谁所有,谁改造、谁受益"的原则,明确乡镇企
业产权归属,并依法保护乡镇企业、中小企业和企业职
工的合法权益。进一步加强和改进政府监督管理和服
务,为乡镇企业和中小企业发展创造良好环境。

5.大力推进小城镇建设

我国的国情决定了相当部分人口的城镇化要以小城
镇方式实现, 未来 2.5 亿农村转移的新增城镇人口中将
有 1/3 要靠小城镇发展来容纳。小城镇是县域产业聚集
地,是县域内农村劳动力转移就业的重要基地,是农民
工回乡创业的首选之地。发展小城镇是一项大战略:一
是城镇化的成本低,投入相对较少。二是城镇化过程平
稳,社会转型的震动相对较小。三是小城镇是城乡结合
部,大力发展小城镇有利于城乡统筹发展。四是小城镇
能够有力地促进县域经济发展,吸纳农村劳动力转移就
业。因此,首先要搞好县域内城镇体系规划,逐步形成以
县城为中心、中心镇、一般集镇和中心村之间相互协调
发展的城镇村空间布局。围绕完善城市综合服务功能,
集中抓好县城建设,增强县城的集聚和辐射功能。按照
统一规划、整合项目、综合配套、整体推进的要求,大力
推进新农村建设。以县为单位对村镇建设统一规划,整
合农村基础设施建设,形成合理的建设布局。其次要突
出发展小城镇经济,拓展小城镇吸纳人口和解决就业的
能力。把建设小城镇与发展乡镇企业有机结合,促进乡

镇企业向有条件的小城镇集中。在进行小城镇建设规划时，要合理规划工业园区，保证必要的乡镇企业和中小企业建设用地。在严格执行中央土地政策的同时，努力探索与本区域经济发展相适应的土地供应、使用办法，降低乡镇企业向小城镇集中的成本。

6.加大对县域经济发展的扶持力度

发展县域经济主要依靠转变县级政府经济职能，改革创新县域经济发展机制，挖掘县域经济发展潜力，激发县域经济发展活力。然而，目前我国贫困县的数量仍然很大，对这些经济欠发达的县而言，政府财政收入有限，投资环境很差，自身资本积累的能力严重不足，自我发展的能力十分低下，要实现经济快速发展，必须依靠国家的政策扶持。中央、省和市级政府必须加大对县级政府的资金扶持力度，尽快扭转县域基础设施缺少资金、缺少规划、无序建设、无力建设的状况。省、市级政府要把贫困县的市政工程、交通道路、供水供电、工业污水和垃圾处理等设施工程，纳入城镇基本建设范畴统一规划。中央应加大对贫困县的财政支持力度，适当调整国家基本建设投资和国债投资的结构和投向，向县域、特别是中、西部人口稠密的农业大县倾斜。适当提高增值税在县级政府的留成比例，有效调动县级政府发展经济的积极性，从而进一步增加县级政府发展经济的财力。国家政策性银行、国有商业银行、农村信用社等金融机构要明确支持县域经济发展的责任和义务，努力扩大信贷规模,有针对性地开发适应中小企业、乡镇企业和县域经济特点的信贷品种,建立中小企业贷款担保基金和采取财政贴息政策,切实解决中小企业、乡镇企业贷款难问题。

总之,发展县域经济,将有效增加农村劳动力就业的数量,缓解向大城市流动就业的压力。这种县域内就地转移就业能够增加消费需求,拉动县域经济较好、较快发展。县域经济的发展,又可以创造更多非农就业机会,从而形成经济发展增加就业、就业增加促进经济更好更快发展的良性循环。

(四)统筹城乡发展,吸引农民工回乡创业

2008 年爆发了席卷全球的金融危机,这场危机由美国的次贷危机引发,并于 2008 年下半年波及实体经济,世界进出口贸易由此受到冲击。中国的企业也未能幸免,尤其是对东南沿海以进出口加工为主的企业产生了极大影响。许多企业破产,而勉强维系的企业为了减少这种影响则大规模裁员。企业的破产和裁员导致大量员工,尤其是来自中西部的农民工的失业,引发了农民工的返乡潮。2008 年 11 月,国家统计局和农业部对四川、河南、安徽、湖北、湖南五个劳动力大省进行了快速调查,得出的数据是提前回流的农民工月 780 万,占整个外出农民工总量的 5%~7%。大量农民工失业被迫返乡,应该辩证对待,正如国务院经济发展研究中心农村经济研究部部长韩俊所说:"农民工返乡带来的是机遇,农民工单向的流动,不利于缩小城乡差距。据统计,每个回乡创业的人可以带动 3.4 个劳动力就业,回乡创业的农民工在提高自身经济地位的同时,还拓展了农民工的就业途径,也促进了中西部地区的工业化和城镇化,对农村传统产业的带动也很明显。"农民工在城市积累了资金和经验,回乡创业有利于提高欠发达地区和农村的劳动力的整体素质,将有力地推动现代农业发展和新农村建设。同时,在金融危机背景下,鼓励农民工回乡创业也是解决我国农民工就业的现实选择。

1. 地方政府要从战略的高度对待农民工回乡创业问题

地方政府要充分认识到,农民工回乡创业将创造一批新的就业载体,带动当地农村富余劳动力就地转移,开辟农村劳动力转移的新途径,同时,也有利于一部分进城农民工分流和向非农产业与城镇的彻底转移;农民工回乡创业带回了在发达地区或城市积累的资金和人力资本,将有力地促进不发达地区乡镇企业、中小企业、民营经济的发展,加速当地工业化和城镇化进程,推动当地现代农业发展和新农村建设。因此,地方政府要提高认识,转变观念,从战略上高度重视农民工回乡创业问题。把农民工回乡创业问题列入重要议事日程中,凡是外出务工经商后返回家乡所在县市范围内创办各类企业、从事个体经营、兴办各类农民专业合作组织的,无论规模大小,只要符合法律和国家产业政策,并吸纳一定数量的劳动力就业,就要予以鼓励支持,实行优惠政策。

2.地方政府要增强服务意识,改善农民工回乡创业环境

地方政府要增强服务意识,提高服务水平,努力改善农民工回乡创业的环境。首先,放宽准入条件。凡是国家法律、法规没有明令禁止和限制的领域,地方政府部门不得自行设置门槛。其次,简化农民工回乡创业的审批程序。清理和规范收费项目,实行联合审批和一站式服务,提高审批效率。对规定收取的公共服务性收费,原则上收取工本费,或按最低限额收费。再次,规范政府行为。严肃查处对农民工回乡创业的乱摊派、乱收费、乱罚款的"三乱"行为。同时,政府监察部门要畅通投诉渠道,及时处理和纠正侵犯农民工回乡创业合法权益和干扰正常经营的违法违规行为。司法部门依法保护回乡创业农民工的人身财产安全,严厉打击破坏企业发展环境的违法行为。

3.加大对农民工回乡创业的财政和税收扶持力度

在财政支持方面,通过中央和地方财政拨款,设立扶持农民工回乡创业的专项基金,用于农民工回乡创业的贷款贴息、创业培训和担保资金等。在税收方面,农民工回乡创业应享受与外地客商同样的优惠政策。对为城乡低收入群体就业再就业做出贡献的企业,可比照城市相关政策给予优惠政策。农民工返乡创业应按规定享受国

家和地方扶持发展中小企业、非公有制经济服务业、现代农业、农产品加工业等方面的优惠政策。

4.改善金融服务,为农民工回乡创业提供信贷支持

加大政策性金融的扶持力度,缓解农民工回乡创业融资难、资金供给短缺、贷款利息高等问题,根据农民工贷款特点,重点提供额度不大但期限长、利息低、覆盖面广的贷款;进一步发展重点服务中小企业和农村社区的金融组织,充分发挥农村信用社为农业、中小企业服务的作用,加大对回乡创业农民工的信贷支持力度;国有商业银行应对农民工返乡创业活跃的市县分支机构授权,并采取适当的激励机制,鼓励信贷人员按照规范提供贷款;适应创业者的多样化需求,开办固定资产抵押贷款、动产质押贷款以及信用贷款与抵押贷款组合等信贷方式,对有市场、有效益、有技术、有发展前途的创业企业采用信用贷款与抵押贷款组合、整贷整还等方式,放宽贷款额度和还贷时间;放宽农村地区抵押物的范围,允许小城镇企业的地产包括集体所有土地的使用权及农村宅基地、自留山的使用权、房屋产权做抵押,解决回乡创业农民工的抵押贷款要求;建立信贷扶持担保机制,对吸收农村35岁以上富余劳动力、城镇下岗失业人员和失地农民等扶持对象的农民工回乡创办的小型企业可按规定享受小额担保贷款服务,并给予贴息。各级财政应安排一定资金,充实中小企业贷款担保机构,用于支持农民工回乡创业信用担保体系建设,对信用担保

机构给予相应的风险补助。

5.建立健全农民工回乡创业辅导和培训服务体系

提供创业辅导、培训和信息、技术服务,鼓励金融机构、科研机构、培训机构、行业组织和其他社会中介机构加强与回乡创业的农民工分工合作,形成多方参与的农民工回乡创业服务网络。有条件的地区可依托现有机构成立农民工回乡创业者指导中心和中小企业情报中心,为回乡创业农民工提供创业培训、市场信息、开业指导、管理咨询、融资指导、企业诊断等服务。同时,要把相关企业员工纳入当地农村劳动力技能培训计划,以配合回乡创业的农民工创办企业的劳动力需求。参加职业技能培训的农民工可按规定享受职业培训补贴和职业技能鉴定补贴。

6.优先解决农民工回乡创业用地问题

要在坚持执行国家严格保护耕地和节约、集约利用土地的政策基础上,因地制宜、妥善解决农民工回乡创业用地问题。小城镇和乡村的存量非农建设用地,在符合规划和用途管制的前提下,可直接用于农民工返乡创业用地。允许地方通过农村集体土地整理复垦开发,先补后占,并从中拿出一定比例作为农民工返乡创业用地。适当减免集体非农建设用地规费。在不破坏生态环境、不损害农民权益的前提下,适当扩大荒坡、荒滩等非耕地的利用。

总之,地方政府要高度重视农民工回乡创业工作,把农民工回乡创业纳入当地经济社会发展规划,着力培育和引导回乡创业的农民工成为当地发展第二、第三产业和现代农业的骨干力量,成为带领农村富余劳动力转移就业、改善家乡面貌的带头人,在振兴县域经济、脱贫致富和中部崛起、西部开发中发挥积极作用。各有关部门要把支持农民工回乡创业纳入自己的职责范围,建立分工明确、相互协调的工作机制。劳动和社会保障部门要把农民工回乡创业作为农民外出务工经商的后续工作,作为就地就近解决农村富余劳动力就业的重要渠道,搞好创业培训等相关服务。乡镇企业、中小企业管理部门应把农民工回乡创业作为乡镇企业、中小企业新的增长点。扶贫部门应把农民工回乡创业作为新阶段扶贫开发的突破口。农业部门应把回乡农民工当作发展现代农业、推进农业产业化经营的骨干力量。

参考文献:

[1]国务院研究室课题组:《中国农民工调研报告》,中国言实出版社,2006 年版。

[2]农业部产业政策法规司:《中国农村政策法规调查与研究》,中国农业出版社,2003 年 3 月版。

[3]孙怡芳、吴元其:《金融危机下的农民工再就业问题》,《现代经济》,2009 年第 1 期。

[4]盛来运:《流动还是迁移——中国农村劳动力流动过程的经济学分析》,上海远东出版社,2008 年 8 月第 1 版。

[5]许经勇:《论农业剩余劳动力转移》,《经济管理》,2002 年第 4 期。

[6]何美金、郑英隆:《农民工的形态演变:基于中国工业化进程长期性的研究》,《学术研究》,2007 年第 11 期。

[7] 林凌:《中国农民对城市化的贡献》,《光明日报》,2006 年 1 月 17 日第 10 版。

[8] 简新华:《构建农民工的社会保障体系》,《中国人口·资源与环境》,2005 年第 1 期。

[9]高颖、李善同:《农民工工资水平调查分析》,国研网,2008 年 7 月 2 日。

[10]许经勇:《我国农村土地产权制度改革的回顾与前瞻——形成有利于保障农民合法权益的土地产权制度》,《经济学动态》,2008 年第 7 期。

[11]杜毅:《农民工社会保障十大矛盾分析》,《社会保障制度》,2008 年第 8 期。

[12]胡海峰、刘光卓:《建立适合农民工特点的社会保障制度》,《中国保险》,2007 年第 2 期。

[13]韩建民、任崇强:《提高农村劳动力外出就业能力问题研究》,《开发研究》,2007 年第 4 期。

[14]温铁军:《"三农"问题与世纪反思》,生活·读书·新知三联书店,2005 年 7 月版。

专题四　农民工法律援助问题

　　农民工一般是指户籍在农村但在城镇工作就业的人员，他们具有农民和工人两重身份[1]。"农民"、"农民工"，这样界定身份的词语，在今天，隐含了一种特殊的底色，这种底色，映衬了这一群体尴尬的生存境遇。大多数进城务工的农民，承担着最累、最苦、最脏、最危险的工作，却无奈地游离于城市社会正规的组织和制度之外，承受着种种歧视与不公。当城市里的"上班族"每月按时领到工资时，农民工却普遍遭到拖欠工资的困扰。

　　根据国家统计局农民工统计监测调查，截至 2008 年 12 月 31 日，全国农民工总量为 22542 万人，每年以 600 万至 800 万速度递增，农民工维权问题已经成为社会关注的热点问题。近年来，以农民工为主题的法规、政策、活动及话题越来越多，特别是中共中央提出构建和谐社会、建设社会主义新农村的战略思想以来，社会对农民工维权的呼声越来越高。因此，维护进城务工农民的合法权益，为农民工提供法律援助，显得尤其重要。

一、农民工法律援助概述

　　农民工是城市的建设者，可现实中，他们的合法权益往往受到各种侵害而成为社会的弱势群体,对其利益的保护是社会主义和谐社会不可忽视的一部分,在这种情形下,通过法律援助来维护自己的合法权利已成为农民工最经济最有效的选择。

(一)法律援助

法律援助又称法律救济或法律扶助,是指在国家设立的法律援助机构的组织、指导和统一协调下,律师、公证员、基层法律工作者等法律服务人员,为经济困难者或特殊案件的当事人给予减、免收费,提供法律帮助,以保障实现其合法权益,完善国家司法公正机制,健全人权及社会保障机制的一项法律制度[2]。本文所指的农民工法律援助其实质就是国家为农民工提供法律援助的一项制度。

现代法律援助制度的理论体系是建立在国家负有法律援助责任(义务)和公民享有法律援助权利的基础上的:国家与公民之间存在着提供和享有法律援助的法律关系,国家负有为社会的贫弱群体提供法律援助的义务(责任),社会的贫弱群体享有国家提供法律援助的权利。法律援助是一项扶助贫弱、保障社会弱势群体合法权益的社会公益事业,是一项"民心工程"。法律援助在有效地化解种种利益纠纷引起的社会矛盾、促进我国经济健康发展、健全人权保障机制、保障司法公正、维护社会大局的稳定等方面起到了积极的作用。

(二)农民工法律援助的立法沿革

我国建立农民工法律援助制度始于 1994 年原司法部部长肖扬提出的设想，继而 1996 年 5 月 15 日颁布的《律师法》专章规定了法律援助。2003 年《法律援助条例》的实施标志着这一制度进入新的发展阶段。2004 年 9 月，司法部、财政部、劳动部等九部门联合出台了《关于贯彻落实＜法律援助条例＞切实解决困难群众打官司难问题的意见》，从政策上解决了办理法律援助案件中与相关部门协调配合的问题。2004 年 11 月，司法部和建设部联合下发了《关于为解决建设领域拖欠工程款和农民工工资问题提供法律服务和法律援助的通知》，要求各地法律服务机构和法律援助机构要积极为解决建设领域拖欠工程款和农民工工资提供有效的法律服务和法律援助。2005 年 9 月，司法部与最高人民法院、最高人民检察院、公安部联合出台刑事、民事法律援助规定，建立了法律援助与公、检、法部门在法律援助工作中的衔接配合机制。另外，近年来，各级司法行政部门高度重视农民工法律服务和法律援助工作，制定相关规范性文件，为农民工法律服务和法律援助工作提供了制度支持。一些地方政府通过地方立法或政府规章等形式，扩大法律援助范围，将农民工发生机率较高的工伤赔偿、交通事故等案件纳入法律援助的范围，为农民工维权提供了更好的政策法制环境。

(三)农民工法律援助的意义

农民工法律援助机构是唯一直接以农民工为主体命名的社会法律援助组织,它的建设和发展直接影响到构建和谐社会、建设社会主义新农村的历史进程[3]。

1.农民工法律援助关系到国民经济稳定发展

农民工问题事关我国经济和社会发展全局。农民工分布在国民经济各个行业,在加工制造业、建筑业、采掘业及环卫、家政、餐饮等服务业中已占从业人员半数以上,是推动我国经济社会发展的重要力量。进一步做好农民工工作,特别是成立农民工法律援助机构为农民工维权提供法律服务,对改革发展稳定的全局和顺利推进工业化、城镇化、现代化都具有重大意义。

2.农民工法律援助有助于构建和谐社会,实现公平、正义、平等

法律援助作为一项保障困难公民享有平等法律帮助权的制度,是无偿性的政府行为,其本质是保障人权、促进司法公正。因此,法律援助既是我国民主法制建设的重要成果,更是实现社会公平正义的重要保证,适应了新时期社会发展的必然要求,从这个角度来讲,开展农民工法律援助工作是构建和谐社会的重要力量和组成部分。近年来,党中央、国务院高度重视农民工问题,制定了一系列保障农民工权益和改善农民工就业环境的政策措施。各地区、各部门做了大量工作,取得了明显成效,但农民工面临的问题仍然十分突出。为了减少社会

矛盾和纠纷并解决好这些问题，维护社会公平正义，保持社会和谐稳定，需要进一步完善农民工法律援助制度，为农民工维权提供专项法律服务。

二、农民工法律援助现状

（一）农民工法律援助的重点

1.劳动争议纠纷

来自广东、山东、浙江、湖北等地法律援助机构的统计表明，劳动争议纠纷以超过半数的总量占到农民工法律援助案件的首位，表现形式为拖欠薪金或克扣工资、工伤事故和职业病得不到及时治疗、长期超时工作不支付报酬、违法解除合同不支付补偿等。

2.交通事故

交通事故名列第二大农民工法律援助案件类型。根据全国农民工数量最多的广东省法律援助中心统计，2004年到2005年，该省办理此类案件1561件。不熟悉城市交通规则、缺乏交通安全意识，使交通事故频发在农民工身上，造成此类案件呈逐年上升趋势。

3.婚姻家庭纠纷

由于长期离家在外，婚姻家庭纠纷以及由此引发的赡养费、抚养费、扶养费等类型案件，在农民工法律援助案件中也占到一定比例，同样呈增多趋势。

4.刑事案件

可能判决死刑或未成年人犯罪或刑事案件中的受害人提起附带民事赔偿的法律援助案件，在农民工法律援助案件中所占比例相对比较稳定。

（二）农民工法律援助制度的缺陷及原因分析

尽管我国各级机关不断通过立法、行政、司法措施加强对农民工法律援助保护，但据有关调查显示，当权益被侵害时，许多农民工不愿选用法律程序加以维护，主要原因在于我国农民工法律援助还有诸多不完善之处。具体表现为：

1.政府法律援助责任落实不够，农民工法律援助工作缺乏必要的经费[4]

据统计，2005年全国法律援助财政拨款额为2.62亿元，其中业务经费1.19亿元。我国法律援助机构尚未全部建立，人均经费0.2元（以全国13亿人口计算）。而英国1995年至1996年法律援助经费达15亿英磅（约合人民币210亿元），占全国年财政预算的1%，且每年都以超过10%的幅度增长，英格兰和威尔士年人均享有法律援助经费30英磅（约等于400元人民币）；南非人均法律援助经费1美元；香港1998年至1999年财政年度法律援助经费达8.73亿港币。

我国法律援助经费保障水平低，除了受经济发展水平局限外，一个重要的原因就是仍有相当的地方政府对法律援助工作重视不够，法律援助经费投入较少，使法律援助与经济、社会发展严重不协调。

2.农民工签约率低、社会保障不到位

很多用人单位不与农民工签订《劳动合同》或单方面

变更、停止执行有关劳动合同,有的虽然签订了合同,要么就是权利义务不明确,要么就是未作妥善保管,一旦发生纠纷,诉来无据,阻力重重,克扣、拖欠工资、单位不参加综合社会保险的现象非常普遍,随意延长劳动时间,长年平均日工作时间超过 8 小时的农民工占到 50%以上,有的单位不采取有效的劳动保护措施,劳动安全与劳动卫生条件差。

目前,我国的劳动力市场属于买方市场,农民工作为劳动力卖方在用工关系中明显处于劣势地位,地位上的不平等是农民工权益容易遭受侵害的一个重要因素。另一方面,各地政府及相关部门因服务于当地经济建设的需要,客观上存在一种保护、偏袒用人单位的倾向和心态,在维护农民工权益及劳动执法上难以做到客观上的公正。正是由于这种外部客观环境的不利影响,用人单位侵犯农民工合法权益的现象极其普遍。

3.调查取证难、索赔难、执行难

农民工尤其是外地农民工与用人单位发生争议时,当地相关部门之间往往出现推诿扯皮现象,或者对农民工案件根本不予受理。在农民工维权、调查取证方面不予配合、设置障碍,甚至对维权人员进行人身威胁。很多农民工在发生劳动纠纷后不知道收集证据,如能够用来证明劳动关系存在的工资卡、有关票据及人身伤害的有关诊断证明及费用票据等。同时,农民工受到伤害后,企业和雇主会利用各种关系打通关节,为自己开脱,拒不出证。

有的设置障碍阻挠律师调查取证,甚至故意损毁证据,工友或证人考虑自身利益不愿或不敢作证,有的医院也因为农民工拖欠医疗费用而拒绝出证,一些农民工在遭遇侵权后不信任当地法律援助机构,返回家乡或通过家属向家乡法律援助机构申请法律援助,延误了维权期限[5]。

另外,一些地方法院和仲裁机构对于已有的规定不执行,人为地阻碍农民工维权案件进入法律程序。执行难是我国民事诉讼中普遍存在的一个突出问题。因为执行难,农民工往往认为政府的法律援助制度只不过是一种虚设制度,因而大大削弱了他们对党和政府的信赖程度。加大农民工维权案件的执行力度,是提高农民工法律援助工作效力的司法保障。

4.劳动争议处理机制不合理

当前我国劳动争议处理机制不尽合理,使得农民工通过仲裁、诉讼解决争议环节多、周期长、成本大[6]。具体表现为:

(1)环节多、周期长

依据我国《劳动法》和《劳动合同法》的规定,现行的60天仲裁时效和劳动仲裁前置程序及一裁二审制度,完全不利于劳动者而利于企业,甚至被少数企业作为对付农民工的手段。用人单位通常恶意利用复议及诉讼程序拖延劳动争议处理时间,其表现如下:对劳动部门仲裁裁决不服,提起民事一审、二审诉讼,有的甚至走到再审程序;且很多劳动纠纷案件在诉讼中被告单位故意拖延不出庭,法院还需要公告送达,这些程序全部走完常常要耗费一到两年的时间,造成农民工法律援助案件办理环节多、周期较长、办案成本居高不下。这些极易造成诉累,从而加重农民工的负担。

劳动争议发生时,不少企业都口头同意解决问题,但故意拖延超过 60 天时效。即使没有超过时效,企业也会将所有程序进行到底,以企业强大的经济实力和社会资源拖垮急需金钱维持生存、流动性大的农民工,最后逼农民工就范,签订不平等协议。

(2)金钱损耗

法律援助机构为农民工当事人减免了法律服务费用,在申请劳动仲裁或提出诉讼时缴纳的费用虽然较少,但如涉及工伤致残还要缴纳伤残等级鉴定费用,涉及医疗事故的要缴纳医疗鉴定费。在农民工常见的工伤、交通事故、人身损害赔偿案件中,农民工急需医疗费,要求申请法院先予执行,法院依法必须要求农民工提供财产担保,农民工本来收入就低,医疗费都交不起,一旦无法提供财产担保,一些无良企业或义务人就可以从容转移财产。一些农民工由于交不起医疗费,只好拖着伤残的身体提前离开医院。还有些医院因为农民工交不起医疗费而拒绝开具疾病证明书、医疗费发票,导致农民工仲裁或诉讼时缺乏证据。

三、农民工法律援助制度的完善

2006 年国务院出台了《关于解决农民工问题的若干

意见》(以下简称《意见》),着重指出要把农民工作为法律援助的重点对象,确保广大农民工能够依法维权是当前的突出问题之一。《意见》提出:要把农民工列为法律援助的重点对象,对农民工申请法律援助,要简化程序,快速办理。

但从根本上形成保障农民工权益的体制和制度才是治本之策。农民工法律援助工作是一项社会系统工程,具有很强的社会参与性,需要从立法、执法、司法等环节多管齐下,需要相关部门的通力合作。

(一)修改、完善相关法律、法规

我国应尽快制定《法律援助法》,明确政府应将法律援助经费按需列入财政预算,并随着国民经济发展逐年增加、扩大法律援助范围、降低法律援助门槛,建立法律援助与侦查、检察、审判工作的衔接,规范、协调法律援助与其他相关部门的关系,建立法律援助与其他相关部门工作的衔接,明确律师等法律服务工作者的义务,规范社团组织、高等院校和社会志愿者参与法律援助工作,在立法上尽可能多做出有利于社会贫弱群体如农民工申请并获得法律援助的规定。

在《民事诉讼法》中规定法律援助与司法救助、财产保全、先予执行的衔接机制。针对农民工法律援助案件无法承担诉讼费而进入不了诉讼程序,或者在诉讼中需要申请财产保全、先予执行却往往因为提供不了担保而无法实现的现状,建议在《民事诉讼法》有关诉讼费用的部分增加规定："当事人已经获得法律援助的,人民法院可决定先行缓收诉讼费,待案件审结后再决定诉讼费用的承担",在有关财产保全和先予执行的部分增加规定:"申请人经济困难正在接受法律援助机构提供法律援助的,无须提供担保",以保证法律援助案件办理的顺利进行[7]。

(二)推动政府落实法律援助责任,解决农民工法律援助经费保障问题

法律援助是以政府财力作为保障的,为法律援助提供必要的经费支持是政府法律援助责任的核心体现。我国现有法律援助经费保障水平远远不能适应弱势群体对法律援助的需求,更无法满足法律援助机构进一步加大对农民工提供法律援助的工作需求。各级政府应加大对法律援助工作在人力和财力方面的投入力度,以保障农民工法律援助工作开展的正常需要。

(三)整合资源,建立农民工维权协调机构,及时保障农民工权益

在农民工维权工作中,切实发挥各部门职能,进行资源整合,优势互补,及时保障农民工合法权益。

劳动和社会保障部门要加大对用人单位(企业)使用农民工情况的监察力度,并积极解决农民工社会保障问题;司法行政部门要积极发挥法律援助服务职能,保证农民工及时得到法律援助,发挥其司法审判职能,给农民工以特别司法待遇,依法快立案、快审判、快执行,及

时保护农民工的合法权益[8]。

确保农民工合法权益得到实现就要重新进行资源配置，从劳动和社会保障部门、司法行政部门、人民法院等单位中抽取劳动监察员、劳动仲裁员、援助律师、法官各数名，组建一个农民工维权协调机构，形成合力，专门负责农民工维权事务的处理，引导农民工从劳动争议投诉始至判决执行整个过程，农民工畅通无阻通向"绿色通道"，做到快、简、便。人民法院在受理拖欠农民工工资的案件时，对经济确有困难的当事人诉讼费应做出减、缓、免的决定；受理案件后尽量缩短审理时间，适用简易程序，依法快立案、快审判、快执行；对符合条件者可以采取先予执行等措施。司法行政部门应加大普法宣传，不断提高农民工自身维权法律意识。广大律师、法律工作者应积极伸出援手为符合司法救助条件的农民工实施无偿援助。法律援助中心不仅要为外来的农民工提供维权服务，同时也为劳务输出本地农民工提供法律援助。总而言之，要整合资源，合理配置，建立农民工维权协调机构，使农民工最基本的权益得到更好的维护，促进社会和谐和经济健康发展。

（四）从根本上改革我国的户籍制度

进城务工的农村劳动者之所以被称为农民工，则是他们在现行制度框架下不能取得与拥有城镇户口身份的劳动者平等地位并享受相应权益的标记，它揭示着传统户籍制度及附加在这种制度之上的其他相关政策所具有的非公平性乃至歧视性。农民工事实上处于游离或边缘状态,既非传统意义上的城镇居民,也非传统意义上的农村居民,而是介乎农民与市民之间的边缘化的特殊社会群体。因此作者认为,造成农民工较城镇工人维权困难的根本原因是户籍制度及相关的不公平政策制度,要想根本改变农民工弱势群体地位必须从根本上取消户籍制度的差异。

综上所述,在我国构建和谐社会、建设社会主义新农村的进程中提出和加强农民工法律援助机构的建设是有历史意义和现实作用的,对农民工合法权益的保护从此上升到了一个新的高度,从而间接促进了社会法制建设的发展。农民工法律援助机构的建设现正处于初级阶段,在不久的将来,全国各地必然要全面铺开农民工法律援助机构的建设,那是我们从事法律工作的人所欣慰的,更是所有农民工所欣慰的,让我们共同期盼那一天能够早日到来吧!

参考文献:

[1]刘铮、邓先军:《当前农民工法律援助工作之路径探析》,湖北社会科学,2006年12期149-151页。

[2]龙柯宇:《和谐社会框架下对农民工的法律援助探析》,《重庆科技学院学报(社会科学版)》,2008年07期38—39页。

[3]陈秀丽:《论和谐社会的法律援助制度建设》,《理论前沿》,2007年12期39-40页。

[4]刘铮,邓先军:《当前农民工法律援助工作之路径探析》,《湖北社会科学》,2006年12期149–151页。

[5]尹雪英:《谈农民工法律援助服务的完善》,《农业经济》,2008年05期61–62页。

[6]贾午光,高贞:《农民工法律援助工作现状、问题及对策建议》,《中国司法》,2006年11期82–87页。

[7] 徐宏伟:《农民工法律援助的障碍及对策》,《特区经济》,2007.12.177–179

[8]刘铮,邓先军:《当前农民工法律援助工作之路径探析》,《湖北社会科学》2006年12期149–151页。

专题五　农民工养老保障问题

　　20 世纪 80 年代，尤其是进入 90 年代以后，在改革开放大潮的影响下，传统计划经济体制下的城乡分割政策逐渐弱化和松动，越来越多的农村富余劳动力以流动人口形式涌入城镇谋求生存与发展，并成为我国二、三产业中的一支主力军。随着这支庞大的农民工队伍的产生，整个社会经济得到了发展，农村、农民工的生活得到了改善。但伴随着这些令人欣喜的变化，也产生了一些令人担忧的社会问题，如农民工的医疗、养老、住房、子女教育等诸多问题一直没有得到很好的解决，特别是农民工的养老问题，至今还没有一个令人满意的解决办法。笔者欲就此问题提出一些自己的观点，从而为决策者在制定相关政策时多一份参考。

一、农民工养老保障现状

　　2006 年 4 月，国务院研究室发布了《中国农民工调研报告》。调查显示，目前我国农民工在二、三产业已占有相当比重，已逐渐成为一支带动贫困地区走向富裕之路的生力军。但就是这样一支逐渐改变自己家乡落后面貌、促进社会经济整体发展的农民工队伍，其养老保障状况却令人堪忧。①

（一）来自土地的收入已越来越难以维持生计

最近几年,农业收入一直徘徊不前,农民增收困难,考虑到通货膨胀的因素,农民收入甚至出现了不升反降的尴尬局面。绝大多数农民工在农村仍然拥有一份承包地,然而承包地已不足以承担农民工的失业和养老保障功能。我国人均土地面积很少并且呈现出不断减少的趋势,农民工在家乡所拥有的土地面积已经很少,土地的产出能力有限,来自土地的收入十分微薄,基本上只能解决当期的吃饭问题,根本没有多余的收入可担负农民工未来的养老。

（二）务工收入有限

据国务院《中国农民工调研报告》调查结果显示,农民工的月工资均比较低, 以 500 元至 800 元的居多。2008 年金融危机过后,农民工的工资在很多地方更是有降无升,就是在这种情况下,针对农民工的乱收费、搭车收费的现象依然活跃。这说明依靠农民工自己的打工收入来为自己养老已不现实,有限的打工收入在扣掉各种费用后基本上被自己及家庭成员在当期消耗掉了,靠储蓄进行养老是不可能的。

（三）传统家庭养老方式面临很大挑战

随着农村计划生育工作的开展, 农村家庭的结构出

① 陆学艺:《人民日报》,2007 年 4 月 30 日。

现了明显的变化。现在农村家庭普遍只有一到两个孩子，在外打工的农民工也不例外，他们也一般只生养一两个小孩，上面则要赡养四位老人，他们的生活负担也相对较重，到他们年老丧失劳动能力时，养老将面临很大的挑战。[①]

二、实施农民工养老保障措施的必要性

(一)有利于社会的安定团结

农民工作为当前二、三产业发展中不可或缺的力量，在国家的经济建设中起着重要的作用，如果对他们的养老保障不能有一个很好的解决办法，必将使其无法彻底脱离农村土地，在城乡之间不断游离，这样做的后果不仅可能延缓农村剩余劳动力向外转移的速度，而且可能延缓中国城市化进程的步伐。更为重要的是，如果不能很好地解决农民工的养老保障问题，就不能使农民工享受到经济发展的成果及相应的社会福利，会使农民工产生一种巨大的不公平感，这种巨大的不公平感以及由此造成的怨愤累积到一定限度时，必然会以一种社会冲突的非正常形式爆发，从而影响社会安定。因此，农民工的养老问题已不单纯是农民工的福利保障问题，还关系到整个社会的安定团结。

(二)有利于城镇化进程的推进

农民工作为当前城乡二元结构体制下的一个特殊群体，如能很好地解决他们的养老问题，使其彻底地走出

---

① 来自《时事资料手册》，2006年第3期。

土地,在城镇安家落户,就可在一定程度上解决目前"三农问题"中的人地矛盾与城乡矛盾。当前"三农问题"的症结主要有两个,一是人地矛盾,二是城乡矛盾。[①]农民工解决了养老问题并在城镇安家落户后,就可有效地缓解当前农村人地关系紧张的局面,还可促进农地经营的规模化,提高农业生产效益,实现农民增收的愿望。此外,解决了养老问题的农民工,又可在一定程度上有效地加速国家所推进的城镇化进程。因此,解决好农民工的养老问题,不仅事关农民工的切身利益,更影响着城镇化进程的推进与国民经济的发展,所以,在当前进行农民工养老保障的研究非常必要。

（三）有利于农民工生活的保障

受农业生产效率不高的限制,农村承包地的养老功能正在逐年弱化,完全依靠在家乡的承包地来为农民工承担养老功能,已经变得越来越不现实;农民工的个人打工收入也很有限,依靠个人工作期间的储蓄来养老只能是杯水车薪,根本无法保障其老年基本生活所需。所以,如果认为当前农民工养老问题还不尖锐、他们还可以依靠出卖劳动力赚钱养家,就可以暂不考虑他们的养老问题,那么等他们将来年老无力无法打工、生活无着地滞留在城市时,再来关注他们必将晚矣。因此,现在就应着手关注农民工的养老问题,不可一再拖。

---

① 刘怀谦:《中国农民工问题》,人民出版社,2005年版,第201页。

（四）有利于"三农问题"的解决

目前,农业、农村和农民问题仍然是困扰我国国民经济深层次发展的主要问题。"三农问题"的症结主要有两个:一是人地矛盾,二是城乡矛盾。[①]也就是说,解决"三农问题"必须先解决这两大矛盾。解决了人地矛盾和城乡矛盾才能解决"三农问题",而这两大矛盾的化解都与农民工这个群体有关。只有让农民工彻底离开土地、走出农村,才能彻底缓解人地关系紧张的状况;只有让农民工彻底完成其自身的城镇化过程,才能改变城乡二元结构,缩小城乡差距。说到底,解决"三农问题"的重点其实是解决好农民工向城镇有序转移的问题。然而,如果不建立健全相应的养老保障制度,农民工就缺乏最终放弃土地、定居城市的决心。因此,"农民工"其实就是在上述双重矛盾的共同作用下,在现有政策框架内自发产生的既能缓解人地矛盾、又能缓解城乡矛盾的有效选择。

（五）有利于社会主义市场经济体制的完善

首先,社会主义市场经济是竞争经济,竞争必然导致优胜劣汰,农民工与城市工在一起竞争必然会处于劣势,而且即便同是农民工,在竞争中也会产生不同的结果。如果社会没有相应的收入调节机制,这种差距将会越拉越大,将会损害社会的公平和正义。而通过为农民工建立起社会统筹与个人账户相结合的养老保险制度,

---

① 周一星:http://land.soufun.com.2006-03-28,转自《光明日报》。

可以通过统筹基金来调节市场竞争主体在收入高低上的差别,维护社会的公平和正义。其次,社会主义市场经济要求劳动力市场的统一,但如果不把农民工吸纳进社会养老保险体系中,将会阻碍农民工向城市工的转换,同样,如果各地各自为政,政策缺乏统一性,保险关系难以接续,也将会造成农民工在各地劳动力市场的流动受阻,因此,出于完善社会主义市场经济体制的需要,也要尽快为农民工建立起相应的养老保障制度。

三、现阶段农民工养老保障中存在的问题

（一）劳资双方及政府、城市居民对农民工养老问题处置不当

农民工的养老保障制度牵涉到许多群体利益,即除了农民工本人外,还涉及各级政府的利益、用人单位的利益以及城市居民的利益,缺少了任何一方的理解和支持,都会影响到整个工作的进展情况。因此,政府必须做好以上各方主体的宣传发动,从目前来看,以上各方主体还存在如下一些问题:

1.地方政府的认识水平尚存在较大差别

目前为农民工建立养老保险的省份并不多,这说明只有少数地方政府已经认识到该项工作的重要性,或者有些地方政府虽已认识到工作的重要性但还没有形成一种紧迫感,现实中的表现就是观望而无实际行动。如果地方政府都缺乏这种自觉意识,没有开展工作的主动性和积极性,又如何会发动其他相关利益主体、会积极

组织开展并监督管理这项工作。①

2.用人单位缴费不积极

中国企业的成长很大程度上得益于中国劳动力成本低廉的优势,雇用农民工与雇用城市工相比这种成本优势更加明显,原因就在于一直以来使用农民工可以不用为其缴纳社会保险费。现在,如果让企业也为农民工缴纳养老保险费,对企业而言则意味着成本的增加,因此,企业当然心不甘情不愿,在缴费方面总是能拖就拖、能逃就逃。在缺乏严格的监督与惩戒机制情况下,企业的这种逐利本性不会改变。

3.农民工群体自身的入保意识尚待提高

目前,政府对农民工的宣传发动工作是很欠缺的,这也直接导致了这项工作至今仍进展缓慢、农民工普遍参保率低而退保率高。政府与农民工之间缺乏有效的信息沟通是制约农民工养老保障制度向前发展的关键。政府虽然制定了农民工参保的相关文件,但这些文件怕是根本不为农民工所知、所见、所懂。此外,农民工由于自身文化水平的局限普遍存在短视心理,恐怕很难会自觉地认识到参保的重要意义,致使实践中出现宁愿现在多领点钱也不愿参加养老保险、宁愿为了保有现在的工作而不愿冒参加保险可能遭到解雇的风险等短视现象。

---

① 乔庆梅:《社会养老保险中的道德风险》,《社会保障制度》,2005年第4期。

4. 城市居民出于私利，排斥农民工进入社会保障系统

城市居民长期受城乡二元户籍制度的庇护，在社会保障领域独占了国家赋予国民的社会保障权利，城市人享受着很高替代式的养老保障，老年生活基本可以做到衣食无忧。[1]在国家财力有限的情况下，更多的人进入这个体系中就意味着对原享有者权利的削弱，农民工要参与分享国家和企业给职工的利益，按照亚当斯密的"经济人"假设，出于维护自身利益最大化的考虑，城市居民必然对农民工加入社会养老保障体系不欢迎。城市人对农民工表现出的漠视甚至排斥情绪，深深伤害着农民工的感情，影响农民工归属感的形成和定居城市的决心。

（二）中央政府尚未出台统一的制度保障农民工的养老保险续接

中央政府虽然在多个文件中都有关于农民工社会保障的论述，但这些规定只是原则性的，并不具体，因此各地普遍结合当地实际制定了自己的一套制度，这就使得各地政策五花八门，缺乏统一性；而农民工又是一个具有较高流动性的特殊群体，制度和政策缺乏统一性，必然会阻碍农民工的保险关系在各地之间顺利转移和接续，也导致农民工在跨地

---

① 安增龙:《中国农村社会养老保险制度研究》，中国农业出版社，2006年版。

区转移时原保险利益的损失，这会影响农民工参加养老保险的积极性。其实，各地政策不统一所造成的不便在城镇职工养老保险制度中已经有过教训。比如1995年3月，国务院发布了《关于深化企业职工养老保险制度改革的通知》，开始在全国范围内推进"统账结合"的养老保障体制改革。由于不同部门之间在一些问题上存在意见分歧，1995年3月的改革同时提供了两套不同的具体操作方案，并允许地方自由选择甚至适当修改。这种制度的不统一，带来了一系列不良后果，比如制度的不统一造成制度本身缺乏严肃性，容易使人产生养老保险是地区或行业的政策的错觉，这就降低了国家政策的权威性。制度的不统一又集中表现在养老保险基金的缴费率与支付标准上不统一，这就给劳动力在不同地区、不同行业之间的流动带来困难，劳动力资源不能得到有效配置，这种具有选择性的规定加大了养老保险改革的难度。1997年7月，在总结改革经验的基础上，国务院不得不发布了《关于建立统一的企业职工基本养老保险制度的决定》，决定建立统一的城镇职工养老保障制度，已经实行的两套方案向新的"统账结合"方案过渡。新方案对个人账户的规模及缴费率都作了统一的规定。因此，在农民工的养老保险制度建立过程中，必须吸取这个教训，在一定时期内允许各地有自己的制度是可以的，但中央政府必须有自己的时间表,在未来条件基本成熟时,拿出一套统一方案,而不能以农民工这个群体的复杂性和流动性为借口,无限期地放任地方实行不同的制度和政策。

(三)中央及地方政府对农民工的养老保障缺乏财政支持

对农民工的养老保障问题,中央和不少地方政府陆续出台了一些法规和政策,两级政府对农民工养老问题的日益重视从中可窥见一斑。但是与城镇职工养老保障制度的建设相比,两级政府对农民工的支持只有政策上的支持而没有财政上的,不客气地讲,只能算是"只见打雷,不见下雨"。按照各地现在的普遍做法,农民工在加入养老保险时也参照了城镇职工的"社会统筹+个人账户"模式,但实际上二者却大有区别。对于农民工养老保险的统筹部分,政府是只承担管理责任,不承担财政兜底责任,而对城镇职工养老保险的统筹部分,政府则不光承担着管理责任,还负责财政兜底。这表明,我国政府在农民工养老保险制度建设过程中的财政责任是完全缺失的。[①]这种缺失一方面表明政府部门还没有剔除社会保障领域传统的二元思维,仍然将农民工与城镇职工分等对待,另一方面在客观后果上也造成农民工对制度安全性缺乏必要的信心,动摇了其参保的决心。

———————

① 彭高建:《中国养老保险责任问题研究》,北京大学出版社,2005年版。

（四）农民工养老保障的法律、法规不健全

政策不能取代法律，政策的效力也不如法律。时至目前，中央及地方政府虽然出台了一些针对农民工的养老保障建设问题的政策，但我国至今还没有制定一部《农民工养老保障法》。政策只是行政性文件，比起法律，其约束力和强制力都要逊色得多，因而在严肃性和权威性方面也要差很多。农民工的养老保障如果只是徘徊在政策层面而不上升到法律层面，这项工作的执行效果必然会大打折扣，因为用人单位、农民工、甚至是个别地方政府都会钻政策的空子，想尽办法拖缴、漏缴和拒缴养老保险费用，因为他们违规至多会受到经济处罚或者行政处罚，却都不必受到法律的制裁。只要缺少一部规范和调整各相关利益主体行为和关系的法律，这些利益主体的违规行为就不可避免。目前看来，这样一部法律的出台还尚需时日，而且这个时间不会短，因为农民工的养老保障才刚刚起步。但是，这个问题我们也要辩证地来看待，虽然政策的不统一和多样化使农民工的养老保障建设难以用法律的形式确定下来，换个角度考虑，也许正是因为现在还没有一部法律对这个问题加以确定，才导致了目前各地制度五花八门，难以统一的弊病。因此，法律的出台和制度的建设和统一应该是相辅相成的，农民工的养老保障建设不能只停留在政策层面，也应尽早出台《农民工养老保障法》，相信这部法律的出台一定会加速农民工养老保障制度的建设和完善。

四、建构农民工养老保障问题的对策

（一）建立一套科学的制度操作模式

1.总的思路模式

总的思路是设计一套具有相对独立的、分层次的、低水平广覆盖的、可转移可接续的、与农村承包地挂钩的农民工养老保障制度。

所谓相对独立性，是指农民工养老保障制度必须与城镇职工的养老保障基金相独立，防止养老基金被城镇职工变相侵占。基于此，可考虑为农民工特别是那些就业不稳定的农民工建立按其身份证号码统一编号的实名制个人账户，并设置一个虚拟的统筹账户，与城镇职工的养老模式相区别，个人账户随人走，从根本上杜绝基金被"城保"基金侵占的可能。用人单位和农民工个人缴纳的养老保险费均进入个人账户，暂不参与社会统筹，不负担退休职工的养老金，保障待遇直接取决于个人账户积存额的多少。

所谓分层次，是指农民工群体内部已经出现了分化，少数农民工的市民化程度已经相当高，在城市有固定的住所和职业，与农村土地的联系已经基本上斩断，对这类农民工应该参照现行"城保"的有关政策让其参加"城保"。另有少数农民工最终会选择回到农村去养老，对这部分人在制度设计上主要应考虑为其留出与"农保"的接口。剩下的大部分人，正在完成他们的市民化转变，最终将成为市民，但现在却又处于一种不稳定的状态，没

有固定的住所和稳定的工作,甚至要在不同的城市间辗转。对于这些人,在制度设计上主要应考虑要适应其不稳定性和流动性,并且还要考虑将来与"城保"的有效对接问题。另外,即使同类农民工在工作和收入上也存在较大的差别,因此要适应其在缴费能力上的差异性,可以设计多个缴费档次,由农民工根据自己的经济能力自行选择。

所谓低水平、广覆盖,是考虑到农民工的工作和收入情况,其缴费能力有限;同时也要照顾到企业的用工成本,使之不至于影响中国经济的发展。以目前的情况来看,农民工的养老保障在养老待遇上暂时可能还是低水平的,仅以保障农民工的基本老年生活为原则。同时,农民工是中国特色城市化过程中的主力军,他们人数众多,能否拥有养老保障直接影响着他们定居城市的决心,因此,从有助于城市化的角度考虑,所涉及的制度一定要坚持广覆盖,尽可能地使各类型的农民工都能纳入制度中,使他们都能享受到养老保障权益。①

所谓可转移、可接续,是指农民工会根据打工的需要,不停地辗转流动,变换工作岗位,因此,保险关系和保险资金也须不停地跟随其转移,如做不到这一点,对农民工实现养老保障恐有一定的难度。在农民工的打工

---

① 安增龙:《中国农村社会养老保险制度研究》,中国农业出版社,2006年版。

过程中,最终会分化成两种结果——市民和农民,因此,将来可以与"城保"和"农保"相衔接也是必然的要求。

　　所谓与承包地挂钩,是指用"土地换保障",即将农民工的承包地交与当地政府,再由当地政府利用这部分土地进行运作,从中所得价款,用于农民工的养老保障。现在,许多人迟迟不愿为农民工建立养老保障制度的借口就是政府财力不够,认为现在的"城保"已经让政府疲于应对,至于农民工的养老保障,实在是"有心无力",但事实并非如此,如果将农民工在农村的承包地与养老保障相联系,用"土地换保障",则可以在不增加政府负担的前提下为众多农民工建立起养老保障制度。

　　2.具体的相关制度

　　(1)重新进行账户设计

　　农民工的账户设计必须适应其流动性高的职业特点,这也是目前无法把农民工整体性纳入城镇职工养老保险体系的最重要的原因,因此,讨论农民工的养老保险建设问题,其账户设计是个关键。现在各地试点的种种制度普遍都有一个缺陷,就是当农民工异地转移时,所积累的保险基金往往会被当地截留,特别是其统筹账户的基金更是如此。当然,对于稳定就业的农民工,基本上不存在这个问题,他们完全可以参加现有的"城保"。但对于绝大多数农民工来说,这个问题很突出,因此,必须设计一种新的账户模式。

　　考虑到目前农民工的保险基金被当地截留的现状,

须设计一种新的账户管理模式，即农民工的个人账户账号须与身份证号码相对应，且无论是单位缴费还是农民工个人的缴费，都须在农民工达到退休年龄前悉数进入个人账户。①这样，当农民工发生改变就业地或者回归农村老家时，其已经积累的保险基金都可以随之转走，并在新的接收地根据身份证号码方便地进行接续，不会发生统筹基金被侵占的现象。统筹账户在农民工达到退休年龄前虽然企业已实际缴纳了保险费在其中，但农民工并不能实际运用这部分资金，它只起一个资金记账作用。它的作用真正地发挥始自农民工达到退休年龄，一旦农民工达到退休年龄并选择在城市生活和养老，就要考虑使农民工的养老保险模式与城镇职工的养老保险模式相统一，这时原先记在统筹账户中的基金积累就要兑现到位，方法就是按照账面累计余额从个人账户中划转出相应金额的积累基金进入统筹账户，这样就变成了真正的"个人账户＋统筹账户"，与城镇职工的养老保险模式走向统一。②对于部分在退休前因无法适应城市生活而选择回农村生活的农民工，因其统筹账户尚未发生实质上的作用，其已缴保险基金都在其个人账户中，可以全部带回农村，还可以选择再加入农村的养老保障体系。当

然,这就要求农村的养老保障体系建设也要跟上。目前,养老保险关系之所以转移难,根本原因在于管理跟不上,手续复杂且全国绝大多数农村尚未建立起农村养老保险制度,造成农民工返乡时无法转移其保险关系,为此,要逐步把农民工的养老保险管理纳入"金保工程"建设[①],以解决跨地区养老保险关系的转移和接续问题。

(2)合理制定缴费基数、缴费比率

一些地区养老保险费征收基数过高,与农民工实际收入脱节,农民工难以承受。各地普遍规定以本市上年度职工平均工资或最低工资的一定比例作为缴费基数,而不是以本市农民工的平均工资作为缴费基数,与农民工的实际收入脱节,农民工难以承受。因此,如果将农民工的缴费基数定为本市农民工的平均工资,这样应该更切合实际,更易为农民工接受。随着经济的发展,农民工的工资也会不断得到提高,会逐步缩短与城镇职工的工资差距并最终趋向一致,到那时农民工的平均工资与全市企业职工的平均工资会自然地走向一致。至于缴费比

---

① "金保工程"是政府电子政务工程建设的重要组成部分,是全国劳动保障信息系统的总称,可以用"一、二、三、四"来加以概括,即一个工程、二大系统、三层结构、四大功能。即在全国范围内建立一个统一、高效、简便、实用的劳动和社会保障信息系统,包括社会保险和劳动力市场两大主要系统,由市、省、中央三层数据分布和网络管理结构组成,具备业务经办、公共服务、基金管理、决策支持四大功能。引自刘子操《城市化进程中的社会保障问题》,人民出版社,2006年12月版,第174页。

率,考虑到农民工的收入水平不高,而且还要参加工伤保险和大病医疗保险,还要保证其基本生活需要,所以费率不宜过高。本着减轻企业和农民工负担的考虑,企业和农民工分别缴纳工资基数的 6%, 在农民工达到领取条件之前, 这 12%的基金全数进入农民工的个人账户。这一缴费比率比起城镇职工的缴费比率要低,可以既给农民工提供一定程度的养老保障,又不至于给企业和农民工造成过重的负担。

(3)充分利用农村承包地

对于农民工来说, 农村的承包地事实上主要承载着失业保障和最低生活保障这两大保障功能,同时也承载着养老保障的部分功能。因此,利用承包地换取养老保障不能简单地理解为是以承包地的权利换取在城市的养老保障,承包地的权利除了要换养老保障外,还要换取失业保障与最低生活保障。因此,当农民工交出在农村承包土地的权利时,我们只能将这种权利中的一部分转换成其在城市的养老保险基金,进入其个人账户。具体的设想是:按人口分配土地,使每个农村人口都获得相应份额的土地使用权,使用权可以转让,根据土地使用权转让的不同形式和收益, 折算成一定的资金收益,失业保障、最低生活保障和养老保障可以按照比率来分配这笔资金,把其中的养老保障资金部分再折算为年以上的个人账户累计额。这样做就可以部分地解决农民工的养老保障资金来源问题,还可以减轻政府、企业和农民工三方的资金负担。

(二)加强组织引导和协调工作以推动农民工的养老保障建设

我们常说社会保障是维护整个社会秩序的"安全网",如果农民工普遍缺乏社会保障,那这张网就有漏洞,就谈不上安全。一些企业总是想尽办法逃避缴费的责任,有些地方政府因私利驱使对于企业的行为采取了"睁一只眼,闭一只眼"的态度,致使农民工的养老保障制度建设在不少地区还是空白。今后,政府应下大力气来健全社会保障"安全网",修补农民工养老保障这处漏洞。为此,要加强对各级城市政府、对各类型用工企业、对各类农民工的宣传动员工作,加强对他们的组织和引导,使他们从社会稳定的大局出发,切实做好农民工参保的各项具体工作。在这方面,政府的责任重大,政府应该做好企业与农民工之间的协调工作,在资方与劳方中间努力寻求一种平衡机制,既要考虑到企业的发展需要,也要维护好和实现好农民工的合法权益。众所周知,中国经济的飞速发展与中国的劳工成本低廉有着很大的关系,而据有关专家测算,农民工参加养老保险,按照现在的制度设计,企业的用工成本将在现在的基础上大概要增加 30%~40%, 这个付出对企业来讲无疑是沉重的,企业消极对待也就在情理之中了。加上全球性的强资本弱劳工格局短期内难以改变,农民工的谈判地位很低,他们苦于生计也只好向资方妥协。因此,政府应该站出来,充当双方之间的协调员,通过保险精算技术,定出一个合理的缴费率,使企业不至于增加太多的用工成本而又能使农民工获得一定水平的养老保障,在劳资双方之间努力建立一种平衡。

(三)合理划分各级政府的财政责任

对农民工的养老保障制度建设,中央和地方政府做得都很不够,没有承担应有的财政责任,特别是财政"兜底"责任。与城镇职工养老保障制度相比,两级政府对农民工的支持只有政策上的而无财政上的。按照各地现行的普遍做法,农民工在加入养老保险时也参照了城镇职工的"社会统筹个人账户"模式,但实际上二者却大有区别。对于农民工养老保险的统筹部分,政府是只承担管理责任,不承担财政"兜底"责任;而对城镇职工养老保险的统筹部分,政府则不光承担着管理责任,还负责财政"兜底"。这表明,我国政府在农民工养老保险制度建设过程中的财政责任是完全缺失的。这种缺失一方面表明政府部门还没有剔除社会保障领域的二元思维模式,仍然将农民工与城镇职工区别对待,另一方面也在客观后果上造成了农民工对制度安全性缺乏必要的信心,参保决心不大。

我国中央和地方政府在财政上已经实行了"分税制",然而无论是中央政府还是地方政府均没有达到社会保障事权与财权相统一的要求,中央财政负担越来越重,而地方财政基本上还处于"缺位"和"不到位"的状态。在 1998 年至 2001 年国家财政对养老保险的补贴中,90%以上来自中央财政,地方财政不足 10%。[1]这种比例显然是不合理的, 今后要在合理划分中央政府和地方政府的事权基础上来合理界定两级政府的财权。具体到农民工养老保障建设上, 中央政府的财政责任应该在于成立中央调剂基金,负责省际间统筹基金的调剂使用,平衡富省与穷省的支付能力, 中央政府还要对农民工养老保障基金的给付承担最后的"兜底"责任,做农民工坚强的资金后盾,打消他们的顾虑,树立他们对制度的信心。只有这样做, 才能真正地体现出社会保障领域的一视同仁, 才能够彻底告别长期以来的城乡二元思维模式及工作模式。中央政府还可以采取诸如"让税"、"补贴"、"拨款"等形式扩充地方政府的财力,以便地方政府可以在农民工养老保障制度建设中发挥出更大的作用。在财政分配中要拿出部分资金支援农民工的养老保障建设, 要明确产权责任,保证所分配的资金有明确的流向,做到专款专用。至于地方政府,今后的财政责任则在于调整财政支出结构,加大支持力度;地方政府应该建立固定比例的经常性财政支出增长机制用于农民工的养老保障制度建设;地方政府还应该广开基金筹措渠道,通过将属于地方政府所有的国有资产部分地进行变现和发行福利彩票等方式扩充资金,用于制度建设;省级地方政府也要成立省

---

① 黄书亭、周宗顺:《中央政府、地方政府在社会保障中的职责划分》,《经济体制改革》,2004 年第 3 期,第 20 页。

级农民工养老保障调剂使用基金，平衡省属城市间的资金支出压力，缓解部分城市资金不足的紧张局面。

（四）建立健全相关法律法规以规范制度建设

俗话说"没有规矩，不成方圆"，农民工养老保障制度也应该在法律的范围内活动。目前农民工参加养老保险仅仅停留在地方规章层次，还没有上升到法律层次，对相关主体的约束力不强。更严重的是，连地方性规章，全国很多城市至今还没有。在法律和相关规章严重缺失的情况下，制度建设不可能取得令人满意的成果。国外的惯例一般是立法先行，做什么事首先要确立相关的法律，然后用法律来指导和规范相应的活动，而我们国家却往往反其道而行之，习惯于"摸着石头过河"，法律远远落后于实践，社会保障领域也是如此。今后，国家应该加快农民工社会保障领域的立法步伐，尽快出台《农民工养老保险法》，来规范和调整国家、用人单位、农民工、养老保障管理和服务机构等相关主体的利益和关系，对违反规定的组织和个人要严惩不贷，决不姑息纵容，必要时也要追究相关责任人的刑事责任。

参考文献：

[1]刘怀谦：《中国农民工问题》，人民出版社，2005年版，第201页。

[2]乔庆梅：《社会养老保险中的道德风险》，《社会保障制度》，2005年第4期。

[3]安增龙：《中国农村社会养老保险制度研究》，中国农业出版社，2006年版。

专题六 农民工社会保险问题

改革开放以来，随着工业化与城市化进程的逐步加快，亿万农民走出田间、走出乡村，进入工厂、进入城市，用辛勤的劳动和汗水，创造着自己的新生活，创造着中国的现在和未来。农民工这一充满生命力的新生事物，是我国工业化、城镇化快速发展阶段涌现出的一支新型劳动大军。经过20余年的风雨后，农民工队伍越来越庞大。目前，在部分省市尤其是沿海省市，农民工的数量已经超过了当地城镇居民的数量。他们用智慧和辛勤劳动为我国经济建设、城市化发展做出了重要贡献，不仅成为我国产业工人的主体，而且成为中国城市乃至整个中国社会不容忽视的重要力量。随着国家对"三农问题"的进一步重视，农民工的经济收入和社会地位开始上升，农民工的人格和劳动开始得到更多人的尊重。但农民工作为城市中的弱势群体，从事着最脏最苦最累的工作，在为城市的发展、社会的进步做出无与伦比贡献的同时，却享受不到应有的社会保险，既被排斥于城镇居民社会保险之内，又游离于农村居民社会保险之外，处于被边缘化的境地。农民工的社会保险是社会主义和谐社会建设过程中不可忽视的重要方面,它不仅涉及农民工的切身利益,而且直接影响社会的稳定。只有为农民工提供可靠的社会保障,才能对他们到城市工作、生活产生强大而持久的吸引力,才能有效开发和配置农村丰富的人力资源,促进生产力的持续发展和社会的稳定和谐。

一、社会保险概述

(一)社会保险概念

社会保险制度起源于德国。德国于 1883~1889 年间先后颁布的有关工人的疾病医疗保险、工伤保险、老年残障保险等法律,不仅为当时较为落后的德国建立完整的社会保险制度奠定了基础,也为世界上其他国家建立自己的社会保险制度提供了示范;它的产生不仅被看成是现代社会保障制度得以确立的标志,而且是资本主义社会摆脱野蛮而逐渐进入文明发展阶段的分界线。自社会保险制度创立以来,世界各国或地区先后建立了自己的社会保险制度。综观当代世界,可以发现这样一种现象,即凡是社会保险制度健全的国家,劳动者的诸多后顾之忧都得到了有效解除,劳资关系也必定由相互对立走向妥协与合作,社会因此而步入和谐;凡是想获得健康、持续、文明发展的国家或地区,都必定高度重视社会保险制度的建设。因此,社会保险制度的健全与否,客观上代表着一个国家或地区社会文明进步水准与社会和谐程度的高低。

社会保险（Social Insurance）是一种为丧失劳动能力、暂时失去劳动岗位或因健康原因造成损失的人口提供收入或补偿的一种社会和经济制度。社会保险计划由政府举办，强制某一群体将其收入的一部分作为社会保险税形成社会保险基金，在满足一定条件的情况下，被保险人可从基金获得固定的收入或损失的补偿。它是一种再分配制度，它的目标是保证物质及劳动力的再生产和社会的稳定。社会保险的主要项目包括养老社会保险、医疗社会保险、失业保险、工伤保险、生育保险等。

（二）社会保险的特征

社会保险因各国国情的不同而有所差异，但通常都具有如下几个特征①：第一，社会保险具有保障性。当劳动者遇到年老、生病、残疾、生育、失业、死亡等社会风险时，在暂时或长期丧失劳动能力以及暂时失去工作时，以社会保险的方式给予劳动者本人及其家属一定的物质补助，保障其基本生活需要。这种以法律为组织保障依托的社会保险，能使劳动者或社会成员在暂时或永久丧失劳动能力后，其基本生活得到有效的保障。第二，社会保险具有强制性。社会保险的强制性，是区别于商业保险志愿性的重要标志之一。社会保险是以国家法律保证强制实施的，在国家法律法规指定的范围内，每一个

---

① 孙成林：《中国社会保险制度改革的探索与思考》，《大连理工大学学报》，2005年第12期。

社会成员或劳动者都必须依法参加社会保险,每个劳动者或受保人都必须根据法律规定缴纳保险费。社会保险有了强制性的特征,才能保证社会保险基金有可靠的来源,才能依法保证被保险人获得社会帮助的权利,并使这种权利有可靠的物质基础。第三,社会保险具有福利性。社会保险是政府和社会为公众服务的一项社会公益事业,其经营管理的最终目的是促进社会公平、促进全社会的经济发展与社会进步。所有参加社会保险的劳动者都能依法从国家及社会获得一定的物质帮助,从而保障其获得基本生活的需要。这些支付和服务都是非营利性的, 也是社会保险区别于商业保险的根本特征之一。第四,社会保险具有互济性。互济作用是社会保险最重要的特征。即通过社会保险制度的实施,实现社会的"一人为大家,大家为人人"的互济性社会协议。社会保险的互济性贯穿于保险基金的筹集、管理和支付的全部过程之中,依靠国家、单位和劳动者三方共同筹资,充分发挥社会保险的互济作用。这种互济性不仅反映在国家、单位与劳动者之间的互助合作关系中,而且还体现在参加社会保险的主体成员之间的互济上。

(三)社会保险的功能

社会保险对社会的稳定和发展具有其他制度不可替代的作用:

1.解除劳动者后顾之忧,增进劳动者福利

不管哪一种社会保险项目, 客观上都是在解除劳动者的后顾之忧和增进劳动者的福利，让劳动者老有所养、病有所医、工伤有补偿、失业有救助。因此，社会保险制度的建立，是劳动者福利权益实现的直接表现；社会保险制度的发展，则是劳动者福利权益的发展。

2.维护社会稳定，促进社会和谐

当人们遭受年老、疾病、伤残、失业等各种风险，生活面临困难时，社会保险会向其社会成员提供物质帮助，使人们渡过难关，或者顺利地安度晚年，这有利于消除和缓解社会矛盾，增强社会成员应付意外伤害和不测事变的能力。而且社会保险是以国家为后盾的，它对消除社会不安定因素起到的作用是任何其他制度所不可取代的。正是在这个意义上，人们把社会保险誉为社会秩序的"安全网"和"减震器"。由于社会保险有效地解除了劳动者的后顾之忧，劳资关系便由对抗走向妥协与合作。劳资关系的和谐与稳定，必然带来整个社会关系的和谐与稳定。因此，社会保险制度通过消化劳资对抗而直接促进并维系着整个社会的和谐发展。

3.社会保险促进社会发展和进步

对劳动者而言，社会保险为劳动者解除后顾之忧，使其能够专心致力于工作，激发其积极性和创造性，从而促进技术进步和劳动生产率提高；对用人单位而言，社会保险减轻了用人单位的压力和负担，使其能够集中精力从事生产经营，提高经济效益，用人单位经济效益的提高，又为其所在单位提供补充养老金，增强单位内部的凝聚力，为促进经济效率的进一步提高创造了条件；从劳动力再生产的角度看，社会保险是保证劳动力再生产的必要条件。

4.在互助共济中促进并维护着社会公平

社会保险依据的是大数法则，是参保人共同参与，并在雇主分担缴费义务与政府财政支持的条件下，相互分担风险，如年轻人为老年人做贡献，健康者为疾患者做贡献，就业者为失业者做贡献，安全者为工伤者做贡献，谁都是这一制度的贡献者，谁都有可能成为这一制度的受益者。正是这种互助共济的功能，不仅在很大程度上化解了劳动者个人的生活风险，而且通过对参保人的收入补偿来保障其生活，促进并实现着社会公平，而社会保险制度的强制性特征又有效地避免了雇主与劳动者的逆向选择，确保了这一制度覆盖对象的公平权益。

二、农民工参加社会保险的必要性

（一）建立农民工社会保险制度是农民工重要的生活保障

多年来，我国社会保险针对的人群主要是城镇职工，很多农民工对社会保险的概念没有意识，甚至有很多人根本没听说过社会保险，不知道它是怎么一回事，进而也就不可能对社会保险产生需求。随着国家经济的发展，社会保险在日趋规范化，其覆盖面也在逐渐地扩大，也逐渐被农民工认识和了解。他们发现无论是自己生病还是发生工伤，巨大的医疗支出是他们难以承受的。用辛苦和汗水换来的工钱可能因为一次事故就消耗殆尽,甚至还筑起债台;临老还乡,那些久未耕种的土地也变成了荒地,他们又该用什么来养老。他们开始意识到自己需要社会的保障,来保障他们"生有所靠,病有所医,老有所养",希望自己也像城镇职工、城镇企业职工一样在患病、年老等没有生存能力的时候能报销医疗费、按时领取养老金。社会保险就为他们提供了这样一种保障,参加社会保险就成了获得这种保障的重要途径。

(二)建立农民工社会保险制度是加快城镇化进程的需要

党的十七大、全国两会、十七届三中全会无一不把农民问题放在首位。从土地的承载能力及农村各项事业的发展角度而言,我国现有农村土地难以为包括现有农民工在内的所有农村人口提供良好的保障,加上一些自然灾害,甚至难以保障他们的温饱。国家为此提出了统筹城乡发展、推进城乡一体化进程、转移农村剩余劳动力、加快城镇化进程来改变传统的农民完全依靠土地保障的政策。通过建立适合农民工特点的社会保险制度,促进农民工完成从传统土地保障到现代社会保障的过渡,解除农民工的后顾之忧,推进农业规模经营,有利于加快城镇化和农村现代化进程,为有效解决"三农问题"创造宽松的环境,更有利于实现扩大内需、加快经济社会发展的战略目标。

（三）建立农民工社会保险体系是维护社会安定团结的需要

我国正处于经济体制转轨和社会结构转型时期，完善社会保险体系对于维护社会稳定意义重大。农民工的存在已经有 20 余年的历史了，并且这股潮流在日趋扩大，有增无减。如果农民工的合法权益得不到有效保障，必将影响社会稳定。很显然，用人单位不为农民工参加社会保险，间接损害了农民工的合法权益，久而久之会给社会带来不稳定因素。因为农民工进城的目的就是打工赚钱。一旦他们觉得工资难以维持生活，发生工伤无人负责，到医院看病拿不出钱。他们对工作就会失去积极性，有些人甚至可能走向极端，去犯罪。这种人的数量一旦增加，社会安定将得不到保证，一系列的治安问题就会出现。社会的不安定也将对经济的发展造成负面影响。由此可见，我们的政府部门只有为这个不断扩大的群体制定出相应的社会保险政策，为农民工提供失业、工伤、医疗、生育、养老保险，才能使他们无后顾之忧，安心地生活、工作，减少不稳定因素，保证经济、社会健康发展。

三、农民工参加社会保险的现状及原因

当前农民工社会保险现状的典型表现是参保率低、退保率高。五大社会保险中，农民工参加最多的算是工伤保险，但工伤保险的参保率也很低。根据人力资源和社会保障部的数据，截至 2008 年底，全国农民工就业总

量是 2.25 亿人,参加工伤保险农民工人数达 4942 万人。以此数据推算,全国农民工参加工伤保险的比率也只有近 22%。因此,其他保险的参保率则更低。数字显示,截至 2008 年年底,全国参加社保的农民工 2416 万人,仅占在城镇就业农民工的 17%。2009 年以来,农民工社会保险参保率呈环比下降趋势。据人力资源和社会保障部副部长杨志明介绍,今年以来,受国际金融危机的影响,农民工就业人数减少,工资水平下降,农民工参加工伤、医疗、养老保险的人数出现了负增长。2 月末,农民工参加养老、医疗、工伤保险人数分别比上年末下降了 97 万人、167 万人和 140 万人,降幅分别达 4%、4.8% 和 2.8%。其中,广东、江苏、上海、浙江等农民工输入集中的地区降幅较大。

农民工的参保率虽然很低,但退保率逐年攀升。据报道,2008 年春节,珠三角、长三角等一些农民工集中的地区出现农民工"退保"高潮,广东某些地区农民工退保率高达 95% 以上,2007 年深圳市共有 493.97 万农民工参加基本养老保险,退保的人数多达 83 万人。2005 年,仅东莞就有 40 余万人次的农民工办理了退保手续,接近 2004 年参保人数的一半。不仅深圳、东莞等农民工集中的发达城市如此,全国各地也都普遍出现这种情况。据江苏省南京市社会保障结算管理中心统计,截至 2006 年 8 月上旬,南京市已有 1 600 多名农民工取消了社会保险账户,甚至每天有 200 多名农民工来办理养老保险退保手续；到 2007 年底，浙江省也累计约 3 万多名农民工退出社会养老保险制度。2008 年 2 月 23 日，中央电视台经济频道《经济半小时》栏目报道：2007 年深圳共有 493.97 万人参加了基本养老保险，退保的人数为 83 万人，而成功转保的人数只有 9 672 人，深圳每 10 000 个参保的人中就有 1 680 个人退保，而每 10 000 个参保人中成功转保的只有 19 人。深圳退保人数占参保人数的比重为 16.8%，而成功转保人数占退保人数的比例仅为 1.16%，占参保人数的比重则更低。

农民工社会保险参保率低、退保率高具有多种因素，主要因素有以下几种：

（一）农民工社会保险立法缺失

现阶段我国城镇施行的各项社会保险，除工伤保险外，其适用对象基本上不包括农民工。究其原因，主要是因为现行的社会保险法规政策中，没有一部综合的关于农民工社会保障的全国性法律、法规或规章，全国性立法中关于农民工社会保险的规定也很少且很笼统。1991 年，国务院出台了《全民所有制企业招用农民合同制工人的规定》对农民工的社会保障作了较为具体但不完整的规定，但由于全民所有制企业的减少，其适用范围越来越窄。1994 年，全国人大常委会通过的《中华人民共和国劳动法》对农民工是否参加养老保险仅作了原则性的规定。该法第七十二条中规定，"用人单位和劳动者必须依法参加社会保险，缴纳社会保险费"，同时授权其他法律法规确定"劳动者享受社会保险待遇的条件和标准"。
此后,劳动部《企业职工生育保险试行办法》、1998 年国
务院《关于建立城镇职工基本医疗保险制度的决定》、
1999 年国务院《社会保险费征缴暂行条例》和《失业保险
条例》、2001 年国家劳动和社会保障部《关于完善城镇职
工基本养老保险政策有关问题的通知》的适用范围中,
只对企业作了列举规定,均未明确是否适用农民工。
2006 年《国务院关于解决农民工问题的若干意见》指出:
"要兼顾农民工工资收入偏低的实际情况,实行低标准
进入、渐进式过渡,调动用人单位和农民工参保的积极
性。"同时指出:"探索适合农民工特点的养老保险办法。
抓紧研究低费率、广覆盖、可转移,并能够与现行的养老
保险制度衔接的农民工养老保险办法。有条件的地方,
可直接将稳定就业的农民工纳入城镇职工基本养老保
险。"还指出:"有条件的地方,可直接将稳定就业的农民
工纳入城镇职工基本医疗保险。农民工也可自愿参加原
籍的新型农村合作医疗。"因此,农民工的基本养老保
险、医疗保险仍在探索之中。

目前,只有一些零散的地方性法规和一些规范性文
件对农民工的社会保障权益加以规定。因为各地法规不
统一,做法也各不一样,彼此之间常存在许多不协调甚
至矛盾之处,从而使现有的关于农民工社会保障的地方
性法规和一些规范性文件无法发挥出应有的作用。如由
山西省第十届人民代表大会常务委员会通过的、于 2007

年7月1日起施行的《山西省农民工权益保护条例》第二十条规定,工伤保险是强制的,必须由用人单位为与其形成劳动关系的农民工办理,而基本养老、基本医疗等社会保险则是非强制性的,只是鼓励用人单位为与其形成劳动关系的农民工办理。

（二）很难得到司法程序的保护

实践中用人单位未为农民工缴纳社会保险的情况非常普遍,为此农民工与用人单位之间关于缴纳社会保险的纠纷屡见不鲜。但各地仲裁委或法院一般是不予受理,不予受理的理由主要是:其一,社会保险的征缴应属于行政机关的行政职责,司法权不应对社会保险的征缴进行处理,《劳动法》第100条规定:"用人单位无故不缴纳社会保险费的, 由劳动行政部门责令其限期缴纳;逾期不缴的,可以加收滞纳金。"《社会保险费征缴暂行条例》第13条规定:"缴费单位未按规定缴纳和代扣代缴社会保险费的,由劳动保险行政部门或者税务机关责令限期缴纳;逾期仍不缴纳的,除补缴欠缴数额外,从欠缴之日起,按日加收千分之二的滞纳金。滞纳金并入社会保险基金。"如:2004年北京高院民一庭在对劳动争议案件的总结报告中指出,根据国务院1999年颁布的《社会保险费征缴条例》,并参照劳动和社会保障部2001年发布的《社会保险基金监督举报工作管理办法》、《社会保险基金行政监督办法》、《社会保险行政争议处理办法》的有关规定,对于用人单位整体未上"三险",职工要求处理社会保险问题的，应告之由劳动监察部门处理，法院不予受理；职工对社会保险基数有意见要求处理的，应告之由社保中心核对，法院不予受理；其他因社会保险产生的纠纷，法院应予受理；安徽省高级人民法院《关于审理劳动争议案件若干问题的意见（试行）》中第三条规定：1.依法律、行政法规、政策规定用人单位必须为劳动者办理社会保险而未予办理，或用人单位拖欠应缴的社会保险费用，劳动者为此起诉的，不予受理。2.如果将单位拖欠或者拒缴社会保险费的发生的争议作为劳动争议案件受理，存在诸多问题。其一，由于单位拖欠或者拒缴社会保险费，一般不会只拖欠或者拒缴个别的职工，而拖欠和拒缴的是全体或者大部分员工。如果作为劳动争议案件，需要由每个员工都通过劳动仲裁或者诉讼，那必然会造成社会资源的巨大浪费和社会的不稳定，不利于维护劳动者的合法权利。其二，在个案中如果最终裁决由单位为该员工缴纳社会保险费，但在实际执行的时候也没有办法操作。比如，某单位有数百职工，单位一直没有缴纳各项社会保险，现有一个职工通过仲裁裁决由用人单位缴纳各项社会保险。在实际履行缴纳社会保险费时，社会保险机构是以用人单位全体职工作为参保对象，而不受理以个人为参保对象的社会保险（个体工商户除外）。如果保险机构因此要求单位为其他没有提起仲裁或者诉讼的职工一并缴纳社会保险费，那其他没有行使申诉权或者诉权的职工同样也可以得到保护。农民工与用人单位的社会保险纠纷，无法通过司法程序得以解决，这在很大程度上挫伤了农民工参保的积极性，这也是农民工参保率低的一个重要原因。

（三）制度上的障碍

1.城乡二元社会结构使得多数农民工游离于社会保障的"安全网"之外

1998年以来，我国全面推进社会保障制度改革，但迄今为止的各种社会保障制度改革的思路基本上还是以户籍为基础的，且重心明显倾向于城镇。农村基本上陷入不得不依靠单一的传统家庭保障的境地。走出农村的农民工虽然从事非农产业，但由于他们还是农村户口，身份依然是农民，所以仍被屏蔽在城市的社会保障外。即使有些地方制定了有关农民工社会保险的暂行办法，但由于种种原因，绝大多数农民工仍然游离于社会保障的"安全网"之外。即使随着农村经济的发展以及国家对农村农民的高度重视，农民的社会保险不断建立和完善，但由于农民工的特殊身份，他们还是处于社会保险的灰色地带，无法得到有效的保障。就拿医疗保险来说，中国医疗社会保险制度分为城市医疗社会保险制度和农村医疗社会保险制度两部分。城市医疗社会保险制度构建于20世纪50年代初期。农村医疗社会保险制度主要指农村合作医疗制度。在城乡两项保险制度快速稳步发展的同时，农民工医疗保障出现了政策空缺。在农民工的医疗保障问题上，两种制度都没明确将其纳入保障范围。大部分城市因为财政、制度等原因往往将其排除在基本医疗保险范围之外。新型农村合作医疗还处于扩面阶段,受管理成本、经济条件、政策差异等因素影响,新型农村合作医疗主要针对农村常住居民,农民工大部分没有纳入。

2.社会保险存在城乡之间不能自由转移的壁垒

农民工参保率之所以一直在低位徘徊,与参保后社会保险关系难以转移和接续具有直接关系。农民工的工作流动性大,工作场所不固定,而现在我国社会保障的社会化管理和服务进程较慢导致统筹层次低和服务水平差,特别是缺少一个确保社会保障关系能够在城乡之间、地区之间转移的管理机制。按照现行规定,社会统筹账户不得跨省转移,有的地方甚至不得跨市、跨县转移。在劳动者跨地区换工作时,有关用人单位缴纳的社会统筹部分既不能转走,也不能提取。目前,即使是在同一个县或市的范围内,也由于外来农民工暂时失业或者频繁变动工作,使社会保障部门面对烦琐的手续而疲于应付。由于城乡社会保障制度没有对接,外来的农民工一般来自不发达地区,其户口所在地的农村社会保障制度一般没有建立,这样,一旦他们离开所工作的城市,其参加保险的个人账户便无法转回原籍,于是理性的选择就是退保。然而,这种退保行为,无论是对城乡社会保障制度的发展,还是对城镇化的推进,都是最不利的因素。

（四）用人单位的原因

1.用人单位处于优势地位，不为农民工办理保险

多数雇主未为农民工办理社会保险或只缴纳个别险种。虽然劳动合同法第17条中规定，社会保险是劳动合同应当具备的条款，同时该法第38条规定，未依法为劳动者缴纳社会保险费的，劳动者可以解除劳动合同，但是，作为弱势群体的农民工，在目前劳动力供大于求的现实状况下，基本上没有选择的余地。因此，他们只要能留下来继续赚钱，即使雇主未依法为劳动者缴纳社会保险费，也不会选择解除劳动合同。

2.用人单位认为给农民工参保没必要

大部分雇主都认为，农民工进城就是为了挣钱，不在乎从事什么职业，更不在乎是否缴纳社会保险。认为他们文化水平低，并不了解社会保险，只要按时给他们发放工资就行，没有必要为其缴纳社会保险。还有的雇主认为，很多农民工为了省钱自己不愿意参加社会保险，那雇主也就没必要去自找麻烦来承担这份责任，何乐而不为。可见，用人单位的错误认识也是农民工没有参加社保的一个原因。

3.参加社会保险会增加企业成本

企业之所以参保不积极，主要是因为缴纳社会保险费加大了企业的成本。比如有些劳务施工组织，他们利润本身很低，如果再为农民工上保险，利润就更低了。还有个体户，他们赚的钱都是自己的，并且他们出现事故

的机率比较低,事故也比较小,风险较低,所以他们不愿意为员工缴纳工伤保险。有些雇主认为,员工的工作很安全,没什么必要上医疗和工伤保险。他们为了自己多赚钱,实现自身利益的最大化,不愿意为农民工缴纳社会保险。他们认为,雇用农民工的目的就是为了省钱,最大程度地节约成本,如果再为他们缴纳各项社会保险,就会加重企业负担,达不到他们的目的了。于是他们对农民工参保采取消极应付的态度,能拖就拖,能不办就不办。宁愿在个别农民工发生事故之后,为其垫付医药费,也不愿意之前就为每位农民工缴纳社会保险。

(五)农民工自身的原因

1.农民工对工作满意度较高,对社会保险持无所谓的态度

农民工到城市工作的主要目的就是增加经济收入挣钱,对在城市所经受的不平等待遇有较好的心理承受能力。尽管在城市的收入不高,但是农民工对自己的工作满意度较高。这在很大程度上是因为农村收入太低,在城市的打工收入要比在农村务农收入高。一些调查资料显示,农民工对用工单位和自身是否参加社会保险抱有无所谓的态度,这反映出农民工自身对社会保险的利益诉求还没有达到非常强烈的地步。但是,他们所面临的各种生活风险是客观存在的,他们对社会保险的需求也是客观存在的,只是因为他们的缴费能力、认识等方面的因素,而未形成对社会保险的有效需求,只能抱着无

所谓的态度了。

2.农民工文化素质较低，缺乏对社会保险知识的了解

农民工的文化程度一般来说都比较低，受教育程度不高。再加上农民工大部分来自于经济发展水平比较低的省份和偏远的农村,在他们生存的环境中,很少接触到社会保险政策。他们还没有体会到社会保险政策的实惠,也不了解参加社会保险的好处,对其自身有何保障。因此也并不关注。当他们知道自己因没有参加社会保险或其权益受到侵害后,有的因不了解法律而放弃维权,有的因未签订劳动合同,拿不出维权的法律依据,还有不少农民工则为了保全工作机会而忍气吞声,导致其社会保险利益无法实现。

3.农民工参保意识欠缺且能力有限

农民工参保率低的现状,与农民工缴纳社会保险的意识欠缺且能力有限有着密切的关系。首先,农民工参保意识比较淡薄。不少农民工注重眼前利益,受传统家庭保障观念影响,认为进城务工只是为了挣钱,参不参加社会保险并不重要,没有必要交钱参加社会保险。其次,农民工缴纳社会保险的能力不强。主要表现为保险的缴费超出了农民工的经济承受能力。以广州市为例,该市 2005 年的职工月平均工资为 2820 元,被保险人月工资收入低于所在市职工月平均工资 60%的,按所在市职工月平均工资 60%计征。据此推算,该市 2005 年养老

保险缴费基数的下限为 1692 元。从沿海各省(市、区)农民工的经济收入来看，月平均工资收入在 500~800 元的居多，一些工作相对稳定的农民工收入会高一些，以 800~1000 元的居多。因此，广州市农民工参保缴费要以下限 1692 元作为基数，2005 年养老保险的缴费比例是 8%，农民工每月要拿出 135 元，大体相当于 1 个月工资收入的 20%用于养老保险缴费，这对于收入不多的农民工来说是一个不小的经济负担。因此，农民工为了维持目前的生计，宁愿选择不参加社会保险。

四、农民工社会保险完善的法律对策

（一）制定农民工社会保险法或在社会保险法中设立专章

我国现阶段基本有两大社会保险体系：一是城镇社会保险，一是农村社会保险。农民工是跨越城乡的边缘性群体，依其职工身份应当纳入城镇社会保险范围，而依其农民身份则应当纳入农村社会保险范围。但无论纳入城镇还是农村社会保险范围都存在一些现实难题。从城镇社会保险来看：根据《劳动法》及《劳动合同法》等相关法律法规，农民工应当为城镇社会保险的对象，与城镇劳动者享有平等的社会保险待遇，但是，如果要纳入城镇社会保险体系，则企业会因用工成本提高而降低对农民工的吸纳数量。据专家测算，如果完全建立与城镇一样的农民工社会保险制度，企业由此每年要为每个农民工支付 2000~3000 元，在现有的用工成本基础上增加

30%~40% ，这会使我国的劳动力资源优势受到削弱，企业投资的增长势头受到抑制，从而减少农民进城务工的机会。从农村社会保险来看，由于农民工的户口在农村，仍然对承包土地享有使用权，而农村社会保险是以土地承包经营为基础的，就不应当将农民工排斥在外，特别是考虑到农民工返乡务农的可能性，更应当接纳农民工。但是，农村社会保险水平低于城镇社会保险水平，农民工如果只享受农村社会保险待遇而不能分享与其在城镇所作贡献相对称的城镇社会保险待遇，则与城镇劳动者之间存在不公平，而目前我国的农村社会保险体系并未建立，基本上还是家庭自筹保障，养老保险和医疗保险皆处于试点阶段，失业保险和工伤保险更无从谈起，故农民工社会保险如果作为农村社会保险体系的组成部分，现在还没有依托。

综上所述，农民工社会保险制度应当作为有别于城镇社会保险和农村社会保险制度而存在，一方面，以农民工与城镇劳动者享有平等待遇为原则；另一方面在具体操作上，特别是账户和基金管理上实行特别规则，并且还应当具有便于与农村社会保险制度衔接的特点。因此，应当就农民工社会保险制度专门立法，或者是在未来的《社会保险法》中单列"农民工社会保险"专章。修改其他相关的法律法规，以达到与农民工社会保险制度的衔接与一致。完善相关制度，使农民工的社会保险关系能够有效地转移和接续。畅通法律救济途径，使农民工的合法权益遭到侵害后能得到有效的及时的维护和保障。

(二)建立不同类型农民工的社会保险体系

农民工的一个显著特点就是流动性，根据其流动性可将农民工分为以下几种，一是流动性较小的农民工，也就是完全市民化的或已经稳定就业的农民工。这些农民工有稳定的职业和住所，他们的生活风险和工作风险实际上跟城镇居民没有太大的差别，他们对社会保险的需求也与城镇居民没有太大的区别。二是常年流动于城镇之间的、居无定所也没有稳定工作流动频繁的农民工。三是经常往返于城镇与农村之间的，农闲时到城镇打工，农忙时回村务农。他们虽然外出务工，但目的主要是挣钱而不是成为城市居民，让他们参加养老保险的成本就非常大，会遭到他们的反对。因此，按农民工的不同类型建立不同社会保险，一是将稳定就业的农民工纳入现行城镇社会保险制度。将那些建立劳动关系、以及事实劳动关系在 5 年以上的农民工纳入现行社会保险制度，参加城镇养老、医疗、失业、工伤等社会保险，同时改革和完善现行的养老和医疗保险制度，使稳定就业的农民工能够享受应有待遇。这就要求通过强化征缴的覆盖面，并完善社会保险关系转移接续办法。目前，由于养老、医疗保险统筹层次低，接近退休年龄的人在工作变动后，转入地不愿接受其社会保险关系，需要对此做出全国统一的规定。同时要提高统筹层次，逐步实现基础养老金的全国统筹。二是为不稳定就业的、常年流动于城市之间的农民工建立低门槛的过渡性保险制度。对签订短期合同、频繁流动以及从事各种灵活就业的农民工引入过渡性的办法。待时机成熟后再研究如何与城镇社会保险制度统一起来。如养老保险可以实行个人账户为主、社会统筹为辅的储蓄积累制,提升农民工的社会保障能力。将本人的社会保障权益直接记入个人账户,缴费实行低费率,由用人单位和农民工双方负担;工伤保险进入现行制度;医疗保险则在现行城镇职工基本医疗保险制度框架内适当变通,医疗保险先建社会统筹、不建个人账户,只参加住院保险,采取低费率、雇主缴费、保档期等办法予以解决。三是将不稳定就业且往返城乡之间的农民工纳入农村社会保险体系中。这部分农民工在农闲时外出打工,农忙时回乡务农,他们在农村有一定的收入,且有土地作为保障,没有失业风险,可参加农村养老保险和新农村合作医疗制度。

(三)分险种按顺序建立农民工社会保险

农民工社会保险应当包括养老、失业、工伤、医疗、生育等险种,但现阶段显然不可能各个险种的制度建立都齐头并进。充分考虑农民工的自身特点和现实需要,并结合土地的保障功能,循序渐进,采取分类分步的保险办法,优先解决农民工目前最迫切的需要和最突出的问题,逐步有序地构建农民工的社会保险制度。一般而论,农村土地的社会保障功能与养老、失业保险的功能接近,即土地的产出可提供基本的衣食保障,因而对养老、失业保险有较强的可依赖性,而工伤、医疗保险则不然,其保障功能所满足的需求,无法通过土地的产出来满足。因而,农村土地对工伤、医疗保险的可依赖性程度相对较弱,所以,农民工的工伤、医疗保险制度的建立应当先于农民工的养老、失业保险。至于生育保险,其重要程度相对弱于养老、失业、工伤、医疗保险。因此农民工社会保险制度的建立,按照工伤、医疗、养老、失业、生育的顺序安排。在几乎所有建立了社会保险制度的国家,强制建立工伤保险,被普遍作为优先建立的险种。我国农民工主要从事脏、苦、累和危险的职业,经常面临各种工伤事故,危及生命安全,从层出不穷的农民工工伤事故到规模惊人的农民工职业病群体,以及由此而导致的数不清的劳动争议。所以最急切的社会保险制度,也应该是按照普遍性原则建立的工伤保险制度;首先建立医疗保险,医疗保险也是农民工社会保险中非常急迫的险种,因为疾病尤其是重大疾病,不仅会导致农民工失业,而且极易使家庭陷入贫困境地。医疗保险有一般医疗保险和大病医疗保险之分。农民工的流动性较大,可以不参加一般医疗保险,日常的医疗开支由个人与家庭共同承担。但由于大病医疗保险比一般医疗保险更为急迫,在一般医疗保险还不具备建立的条件时,首先建立大病医疗保险;对于农民工的养老保险,应按照农民工的流动性特点,分别参加不同类型的社会保险,但应做好城镇养老保险和农村养老保险的对接,确保养老保险关系能够在城市之间、地区之间自由转移的管理模式,使农民工在城市间转移或回到农村时,其社会保险也可以随之自由转入所在地保险部门,继续缴纳费用并且享受保险带来的利益。对于农民工的失业保险应根据其有无土地来决定,对于把土地作为其后盾的农民工来说,失业后可回到农村,因此失业保险对他们来说没有真正的意义,可暂不实行;对于生育保险,农民工群体中妇女的比例在不断增加,生育保险也就显得至关重要,因此要更好地完善农民工的生育保险。

(四)加大对企业为农民工办理社会保险的监督和惩处力度

基于目前劳动力供大于求的状况,部分企业从自身利益出发拒绝缴纳农民工的社会保险费。这种行为损害了农民工的利益,而且从长期看也降低了企业的竞争力和活力。因此,应当加大对企业为农民工办理社会保险的监督力度。具体来说,可以加重企业拒不为农民工办理社会保险的法律责任。一是要加重拒缴或欠缴行为的行政法律责任。《中华人民共和国劳动法》第100条规定:"用人单位无故不缴纳社会保险费的,由劳动行政部门责令其限期缴纳;逾期不缴的,可以加收滞纳金。"根据《社会保险费征缴暂行条例》第23条规定,缴费单位未按照规定办理社会保险登记、变更登记或者注销登记,或者未按照规定申报应缴纳的社会保险费数额的,由劳动保障行政部门责令限期改正;情节严重的,对直接负责的主管人员和其他直接责任人员可以处 1000 元以上 5000 元以下的罚款;情节特别严重的,对直接负责的主管人员和其他直接责任人员可以处 5000 元以上10000 元以下的罚款。从实践情况来看,对未按照规定申报应缴纳的社会保险费数额的企业最高处以 10000 元的处罚,大多数情况下远小于企业通过拖欠行为所获得的利益。可见,有必要改变罚款的计算标准,把罚款的金额与企业因此的"获益"直接挂钩,通过提高处罚的力度迫使企业依法为农民工办理社会保险。二是可借鉴有关国家的做法,追究违法者的刑事责任,如在刑法中增设"拒不缴纳社会保险金罪"或"恶意拖欠社会保险金罪",通过加大违法成本来促进企业依法参保缴费。三是各级政府部门和劳动执法单位要加大劳动保障监察机构在处理农民工社会保险问题上的工作力度,严肃查处违法行为,加强劳动保障监察执法工作,强化劳动保障监察职能,健全举报制度,认真做好群众举报案件的受理和查处工作,切实做到维护农民工的社会保险权益。

参考文献:

　[1]张跃进:《中国农民工问题解读》,光明日报出版社,2007 年版。

　[2]张翼:《农民工社会保障状况调查》,中国劳动力市场网,2007 年 7月 18 日。

　[3]华迎放:《农民工社会保障模式选择》,《中国劳动》,2005 年第 5 期。

[4]付丽丽:《我国农民工社会保障问题研究》,《北京城市学院学报》,2008 年第 1 期。

[5]谢元态、汪云兴:《我国农民工"退保潮"问题产生的根源分析——以东莞、深圳为例》,《经济纵横》,2008 年第 9 期。

[6] 黎慈:《金融危机下反思农民工社会保险制度的完善》,《南方金融》,2009 年第 2 期。

[7]李长健、王景:《我国农民工社会保险立法比较研究》,《成都行政学院学报》,2006 年第 4 期。

[8] 王全兴、汪敏:《我国农民工社会保险立法初探》,《律师世界》,2003 年第 5 期。

[9]安淑珍等:《山西省农民工社会保障法律体系的构建》,《中国集体经济》,2009 年第 4 期。

[10]王文:《我国农民工社会保障体系建设现状分析及对策研究》,四川省社会科学院网。

专题七　女性农民工特殊权益保护问题

　　女农民工即户籍在农村，身份是农民，职业是工人，以工资收入为主要生活来源的女性劳动者。女农民工劳动权益即法律赋予女农民工在劳动关系方面享有的基本权利和权益，包括一般劳动权益及由于生理和社会特征享有的特殊劳动权益。改革开放以来，在制度安排和利益驱动下，我国女农民工人数不断增长，目前我国约有1.2亿农民工，而女农民工约占农民工总数的30%左右。2000年以来，农村女性剩余劳动力在非农转移中的速度加快，女农民工数量还在继续增加。但在我国二元社会结构背景下，农民工劳动权益侵害问题时有发生，受制于身份和性别的双重制约，女农民工劳动权益侵害问题愈加突出。本文希望通过分析女农民工劳动权益受侵害的现状和成因，来提出相关应对措施。

　　一、我国女性农民工劳动权益受侵害的表现

　　当前，我国农民工权益保护中存在着许多亟待解决的问题，而女农民工已经成为其中权益最易受侵害的群体。具体表现在：

（一）就业中的性别歧视还不同程度地存在

《中华人民共和国劳动法》规定：妇女享有与男子平等的就业权利。在录用职工时，除国家规定的不适合妇女的工种或者岗位外，不得以性别为由拒绝录用妇女或者提高对妇女的录用标准。但是，在就业领域，女农民工与城市市民、男农民工相比，在就业的职业、工种等方面，还是存在一些事实上的不合理限制。绝大多数女农民工只能在非正式市场寻找就业机会，从事的是城市人甚至男农民工不愿干的"脏、累、粗"工作。全国妇联专题调研组于2006年在10个城市开展的一项"千名进城务工妇女问卷调查"也显示，进城务工妇女在就业时比男性面临的困难更大。①

（二）女农民工的劳动合同签订率低

建立劳动关系应当订立劳动合同，对于就业的女农民工，劳动合同可以更好地保障自身的权利。在这方面，国有企业、集体所有制企业及有影响的民营企业做得较为规范，但相当多的非公有制企业里，女农民工的劳动合同签订率却相当低。从调查情况看，一是一些企业只与在企业有一定工作年限的女农民工签订劳动合同，有的只与管理岗位上的女农民工签订劳动合同；二是一些用人单位只招收未婚女农民工，签订的劳动合同大都是

---

① 刘声：《进城务工妇女调查："做梦都想在城里安个家"》，《中国青年报》，2006年10月30日。

短期合同或临时合同,成为无孕期、产期、哺乳期女职工的"三无"企业,逃避了对女农民工特殊权益保护的义务和责任;三是不少地方存在着劳动合同格式化的现象,签订内容缺乏针对性和操作性,履约率低,有的甚至是"霸王合同"、"生死合同"(如在劳动合同中约定不得怀孕和生育发生工伤企业不负任何责任等)。

(三)休息权和劳动报酬权利屡遭侵害

我国实行劳动者每日工作时间不超过八小时、平均每周工作时间不超过四十四小时的工时制度。但是,女农民工加班加点超负荷工作的现象却普遍存在。另外,女农民工的劳动报酬权也屡屡受到用人单位的侵害。主要表现在:一是随意增加工作时间,占用劳动者的法定休息日而不发加班工资或只是象征性发加班工资。不少个体企业实行的是一个月几百元钱包干,没有加班的说法,也谈不上加班费的问题。二是拖欠工资。用人单位往往拖欠工人工资。三是不严格执行国家有关最低工资的规定,给务工女性的工资报酬低于当地最低工资标准。

(四)劳动环境差,事故隐患多

一些非公有制企业,特别是小型私营企业安排女农民工从事矿山井下、有毒有害等禁忌劳动范围的劳动;有的企业使用缺乏防护措施的陈旧设备,噪音、粉尘、有毒有害气体严重超标;有的企业安全生产和劳动保护制度不健全;有的企业劳动安全卫生设施不配套或被挪作它用;还有的企业对女农民工不进行必要的岗前安全培训,导致她们的合法权益屡受侵害。据全国总工会2005年对全国18个省的2000多家企业(职工大部分为女农民工)调查显示,餐饮服务行业中39.3%的女工在经期被安排低温、冷水作业;化工、建材行业中29.6%的女工在怀孕期间被安排从事孕期禁忌劳动;鞋帽箱包制造行业有38%的女工在哺乳期间被安排从事夜班劳动。

(五)社会保险和福利权利的缺失

按照国家有关法律规定,对包括农民工在内的劳动者,用人单位必须为他们购买"五大保险",即养老保险、医疗保险、失业保险、工伤保险和生育保险,并且必须保证五大保险"全覆盖"。女农民工因为户籍和临时工的身份问题,近乎游离于现有社会保障体系之外,基本上不能享受到应有的社会保障。一些用人单位,特别是个体和私营企业要么不给女农民工买社会保险,要么为了应付检查只给少部分进城务工女性投保,要么避重就轻只买一种保险,而回避其他几个险种。

二、我国女性农民工特殊权益保护问题的成因分析

(一)社会保障制度不健全

目前,我国的劳动力市场是一个供求极不平衡的纯粹的买方市场,劳动力的供给大大超过市场需求。从劳动力的整体素质和能力来看,男性在总体上占优势。因为妇女在传统因素的影响下,在成为社会劳动力前的人力资本投入上少于男性、又因担负怀孕、生育、照看子女等社会分工而使得劳动呈现明显的阶段性，面对单纯追求利润最大化的企业，妇女的价值和劳动不可能得到应有的尊重和保护。妇女在劳动力市场上的这种角色矛盾，使她们担负了本应由社会承担的责任。

无论是计划经济时代的规定还是改革开放以后，女农民工产假期间的检查费、生育医疗费均由用人单位承担，妇女在其他生理情况下的特殊待遇也都由用人单位具体办理。计划经济时期在政府监管安排一切的情况下，矛盾并不突出，但在开始建立市场经济后，妇女的社会责任和企业经济组织营利性之间的矛盾日益凸现。在严酷的市场竞争中，许多企业的经营者很自然地从经济效益最大化的角度出发，凡是增加成本或影响利润的事情一概不做。由于对女农民工提供特殊劳动保护需要增加企业的劳动力使用成本，正如有的企业经营者所说，在国有企业，男女同工同酬的情况下，用一个女农民工的劳动力成本大约是一个同等男职工的 1.4 倍，并且社会保障的不健全难以对企业做出合理补偿，所以很多企业都干脆不招收女农民工，即使雇用了女农民工也不愿意在这方面投入资金。而妇女基于就业压力，在面对较差的工作条件和待遇时，不愿意也没有能力抵制。因为对她们来说，有个岗位已是件很不容易的事情，根本不敢奢求企业在劳动条件和特殊劳动保护方面依法贯彻落实到位，这就使得企业许多违法用工的情况被表面上的"两厢情愿"所掩盖。

(二)政府重视不够和劳动执法不力

地方政府和相关部门在女农民工特殊劳动保护的监督检查工作方面重视不够；采取的措施也相对滞后，缺乏有效的监督机制和奖惩办法，致使执法不严、违法不究的现象依然存在。

1. 政府对维护女农民工特殊劳动保护权益的认识存在不足

一些地方政府把经济效益和地方税收的增长作为行政管理的主要目标，偏重扶持企业以促进当地经济的发展，而往往忽视了对女农民工的劳动保护。甚至有个别地方政府以改善招商引资环境为名，降低劳动保障标准，限制劳动执法，对三资企业和利税大户违反劳动法的行为迁就姑息甚至纵容，致使不法企业更加肆无忌惮。政府管理的缺位，既损害了女农民工的合法权益，又损害了政府自身形象。

2.在劳动监察方面，一些地方政府和劳动部门也没有真正发挥作用

很多时候，当女农民工的特殊劳动保护受到侵害时，其后果的严重性不像工伤事故那么一目了然，所以女农民的特殊劳动保护很容易成为政府劳动保护监察中被忽视的领域。一些经营者就想方设法钻政府劳动保护监察力度不够的空子，处心积虑隐瞒事实，弱化对女农民工的特殊劳动保护。

3.在劳动执法方面，政府的惩罚力度不够

　　众所周知,立法是基础,执法才是关键。法律如果没有被严格执行就形同虚设。我国出台了一系列关于女农民工特殊劳动保护方面的法律法规,但在现实中却不能被很好地执行,其主要原因就是政府的执法功能弱化。近年来,在劳动时间与报酬、孕产假期、劳动保护与安全、社会保险等方面侵害女农民工特殊劳动权益的事件层出不穷,然而切实得到公正处理的报道不多,更难见到相关责任人员受到法律制裁的事例。

　　(三)企业经营者守法意识淡薄

　　一些企业经营者法律意识淡薄,性别意识不足,对法律法规的内容了解甚少,只知道《劳动法》,不知道还有专门保护女农民工权益的法律,还没有充分意识到落实女农民工特殊劳动保护工作的意义。因此,在劳动用工方面,即使侵犯了女农民工的合法权益也全然不知。部分企业领导认为女农民工的事情都是小事,没有必要太认真,不愿意在女农民工劳动保护上多投入精力、财力、物力。因此,在贯彻落实女农民工特殊劳动保护待遇方面重视不够,抓得也不紧。还有一些企业在经济利益的驱动下,明知故犯地侵害女农民工的合法权益。比如,在招工的过程中大量招用年龄在18岁至22岁的女农民工,有意避开22岁至28岁的结婚生育段妇女,而且签订的劳动合同也是短期的,如此一来,企业就规避了对女农民工在怀孕、生育、哺乳期应提供的特殊劳动保护。此外,由于任何对女农民工特殊劳动保护的措施都会增加企业的支出，很多经营者为了尽可能地降低生产成本，往往不顾女农民工的身体健康和特殊的生理需要，任意减少在女农民工特殊劳动保护措施方面的投入甚至完全不投入，使一些女农民工的身体健康受到很大影响，甚至造成伤残、死亡等重大事故。

（四）工会、妇联等非政府组织未发挥应有作用

工会是党领导的工人阶级的群众组织，起着维护工人权益的作用。协助党和政府做好女农民工特殊劳动保护工作是各级工会义不容辞的责任。但是现实中，很多企业根本就没有建立工会，尤其是非公有制企业的工会组建率还很低。即便有些企业成立了工会，其在检查、监督女农民工特殊劳动保护实行情况时所起的作用也很小。因为，在目前的企业领导体制下，工会的独立性得不到有效保障，有的企业工会实际上沦为企业行政的附属物。工会主席由企业行政委派，工会经费主要来自企业拨款。工会丧失了独立的经济地位，其代表和保护职工权益的作用也就无从谈起。

在以往的工作实践中，妇联往往与政府的联系比较紧密，如何与政府搞好关系成为部分妇联干部工作的重点，而忽视了与其他非政府组织机构的交流与合作。事实上，妇联在具体的工作中，常常存在着和其他非政府组织工作的重叠交叉。以妇联和工会的相互关系为例，妇联以维护广大妇女群众的合法权益为己任，而工会则以维护女农民工的利益为宗旨。那么，这些女农民工就

成为妇联和工会目标群体的交叉重叠部分。一旦女农民工在特殊劳动保护方面受到了侵害，既可以向妇联投诉，也可以找工会解决。而依据目前的情况来看，妇联和工会之间的沟通和合作并不多，经常导致问题的相互推诿或重复处理，这就严重阻碍了女农民工特殊劳动保护工作的顺利进行和目标效果的取得。

（五）女农民工自身维权意识和能力薄弱

女农民工对涉及自身利益的有关劳动保护的法律法规了解甚少，自我保护意识和能力较差，不能勇敢地依法维权。相当多的女农民工认为自己由用人单位所雇，通过劳动获得工资收益已经充分实现了自己的权利，并不知道除了工资收益之外还有其他权利可以享受并且应该得到保障。有的女农民工甚至还认为，要在单位立足，必须言听计从，逆来顺受，而不能提出任何合理要求。如果向用人单位提出劳动保护方面的要求，很可能会得罪经营者而失去工作，无原则的隐忍使得违反女农民工劳动保护法律法规的用人单位更加有恃无恐。

三、我国女性农民工特殊权益保护的对策分析

（一）建立女农民工特殊劳动保护费用的社会统筹系统

女农民工特殊劳动保护在我国是一项职工福利，一直由企业负担。自从 1994 年劳动部发布了《企业职工生育保险试行办法》后，女农民工生育保险的费用就由企业负担转为社会统筹，生育保险基金由社会保险机构负责收缴、管理和支付。规定产假期间的生育津贴按照本企

业上年度职工月平均工资计发，女农民工生育的检查费、接生费、手术费、住院费和药费均由生育保险基金支付。"这一变革的意义不仅仅是生育保险费用的收缴、支付、管理机构的转移（由企业变为社会保险机构），而是生育成本的支付转移。"①生育保险费用从企业支付变为社会支付，意味着生育保险费用由企业成本转为社会成本。这一变化有利于促进社会对妇女生育价值的肯定，也有利于改变妇女在劳动力市场上遭受的不平等待遇。同时，这一变化也使女农民工较多的企业受益不少。这些企业因此减轻了负担，能够与男职工较多的企业公平竞争，提高了用人单位抵御风险的能力。

生育保险费用的社会统筹，从社会保障制度改革的意义层面来说，是我国社会保障制度社会化迈出的重要一步，具有深远的历史意义和现实影响。与生育保险费用相比，女农民工其他方面的特殊劳动保护费用要少得多，但是，女农民工在特殊生理时期要减少工作量、不上夜班或调换工种所造成的工时损失以及女农民工妇科检查、保健设施的建设费用对企业而言，毕竟也是一种负担，尤其是女农民工人数较多的企业。因此，对企业而言，女农民工的福利支出仍然要高于男职工。由企业完全负担女农民工的其他特殊劳动保护费用，其难度是可

---

① 李慧英主编：《社会性别与公共政策》，北京：当代中国出版社，2002年版，第161页。

想而知的。既然生育保险费用可以由企业福利转变为社会福利，女农民工的其他特殊劳动保护费用也可以实行社会统筹，这对于落实女农民工特殊权益保护和保障女农民工平等参与就业的权利皆有益处。

（二）加大政府部门对女农民工特殊劳动保护工作的力度

女农民工特殊劳动保护工作是关系社会文明、进步、发展的重大问题，各级政府及相关部门应充分认识到这项工作的重要性。

1. 有关部门应加强女农民工特殊劳动保护法律法规的宣传力度

一方面，要定期对企业经营者，特别是新建企业的经营者进行《劳动法》、《女职工劳动保护规定》、《女职工禁忌劳动范围的规定》等法律法规的培训，使他们了解、掌握相关法律法规的内容，增强守法意识，切实将女农民工特殊劳动保护工作落到实处。另一方面，要通过多种渠道多种形式的宣传教育，把《劳动法》、《妇女权益保障法》、《工会法》、《女职工劳动保护规定》等法律法规纳入政府普法教育的内容，帮助女农民工依法提高维权的意识和能力，引导全体女农民工增强自我防范、自我维护、自我提高的能力。

2. 有关部门应加强对企业劳动保护的管理和企业内部劳动规则的审查

一方面，鉴于目前企业劳动保护不到位、不规范，依然存在执法不严、违法不究的现象,建议政府有关职能部门加强对企业劳动保护的管理,把女农民工特殊劳动保护纳入安全生产领导责任制中,作为考核企业负责人业绩的重要内容之一,敦促企业不断改善劳动环境,增加对女农民工特殊劳动保护基础设施建设的投入,推进和完善企业的劳动安全卫生制度。另一方面,为了防止企业利用其内部劳动规则的制定权,侵害女农民工特殊劳动保护权益,可以在劳动管理部门中设立专门审查企业内部劳动规则的部门,加强对企业在制定内部劳动规则问题上的管理。一经发现企业内部劳动规则中含有侵犯女农民工特殊劳动保护的条款或内容,由负责审查的劳动部门给予警告,并责令改正。这样的审查制度有利于规范各用人单位的内部劳动规则,从而对其形成有效约束,同时,也有利于为女农民工特殊劳动保护工作创造良好的"小环境"。

3. 必须切实发挥劳动监督检查机制应有的作用,积极开展劳动监察

劳动监察是由国家公权介入,平衡和补救强弱主体内在矛盾而建立起来的一项法律制度,其监督检查的对象是处于优势地位的雇主。劳动行政部门、工会组织及其他组织和个人组成的劳动监督检查机构应依法对用人单位执行女农民工特殊劳动保护法律法规的情况进行检查,尤其对女农民工特殊劳动保护落实不到位、问题突出的企业,提出相应的整改措施和要求;对侵害女

农民工合法权益和特殊利益的行为,视情节轻重,采取行政的、经济的或法律的手段严肃处理。坚决制止企业解除孕期、产期、哺乳期女农民工的劳动合同,强迫女农民工从事禁忌劳动和超强度劳动,保证女农民工在不危害身心健康和生命安全的生产环境中工作。对女农民工、女农民工亲属和其他人员和机构举报、控告用人单位侵犯女农民工合法权益的投诉,劳动监察部门应认真调查,一经查证属实,应及时纠正。因此,加强劳动监察力度可以对一些试图或正在侵犯女农民工特殊劳动保护权益的企业起到威慑作用,使可能违法者望而却步。

(三)提高企业经营者的守法意识和社会责任意识

企业是落实女农民工特殊劳动保护的主体,因此,提高企业经营者的法律意识和社会责任意识对于女农民工特殊劳动保护尤为重要。企业经营者应不断提升自身的法制素养,积极主动地学习《劳动法》、《女职工劳动保护规定》、《女职工工禁忌劳动范围的规定》等法律法规,增强依法办事的观念,有效落实女农民工特殊劳动保护措施,改善女农民工的劳动条件,推动企业的劳动保护工作走上规范化、法制化道路。企业经营者在了解、掌握有关女农民工特殊劳动保护的法律知识的同时,应逐渐认识到遵守《劳动法》等相关法律法规,不仅维护了职工的合法权益,也明确了企业和职工双方之间的权利和义务,从而有利于维护企业稳定,促进企业发展。

此外,企业经营者还应树立社会责任意识,从社会责任和现代人本主义的角度考虑女农民工特殊劳动保护问题。企业社会责任是指企业在追求利润最大化的过程中,对社会应承担的责任,其目的是实现企业的可持续发展。在企业生产经营过程中,除了要考虑投资者、股东的利益外,也应该考虑相关利益人的权益,包括职工、消费者、社区和政府的利益,如职业健康、保护职工合法权益、保护弱势群体等。因为企业并非是一个单一的、自我成长的和与世隔绝的主体,一个企业的成功有赖于一系列社会利益相关者的协助。其中,职工是最主要的利益相关人,职工权益是企业社会责任中最直接和最主要的内容。女农民工是企业重要的资源,企业必须担负对女农民工进行保护的责任。如果企业经营者能够认识到对女农民工的特殊劳动保护决不仅仅是出于对社会弱势群体进行庇护的性质,而是将妇女作为一种宝贵的创造性资源,致力于对其内在能力的开发,企业收获的将是全体职工甚至是公众对企业的热爱和忠诚。

(四)充分发挥工会、妇联等组织在女农民工特殊劳动保护中的作用

进一步确立和完善工会以及女农民工委员会在企业中的真正独立地位,保证工会有足够的权威为争取和维护女农民工的合法权益提供组织保障,从而不断增强工会对女农民工的吸引力和影响力。各级工会要坚持深入实际调查研究,及时了解和解决女农民工在劳动、保障、生产、安全、卫生等方面遇到的困难和问题,依法行使监

督权；向女农民工宣传学法懂法的重要性，向她们普及《劳动法》、《女职工劳动保护规定》等有关的法律法规，增强她们的自我保护意识；认真对待女农民工的咨询电话、来信、来访，并给予切实帮助；在女农民工合法权益受到非法侵犯时，挺身而出，最大限度地支持女农民工。对那些因贫、弱、残等原因无力支付法律服务费用、请不起律师、打不起官司又不会用法律武器保护自己合法权益的女农民工，为其提供义务咨询，并通过协调、联络，帮助其聘请擅长劳动事务的律师，直至支持女农民工提起诉讼。

妇联应把维护妇女合法权益作为工作的出发点和落脚点，立足于妇女的特殊问题和具体利益，反映妇女的呼声和要求，在保护妇女利益上当好妇女的"娘家人"。深刻了解、洞察不同妇女利益群体的需要，做出有针对性的努力，如在企事业单位的女农民工中开展有关女农民工保健和劳动保护的座谈会以及现场义务咨询活动等。同时，妇联还可以通过开通女农民工法律服务热线等方式，及时为女农民工解答疑难问题，提供法律咨询服务。这种根据妇女群体的分层状况而开展的有针对性的工作，能够解决不同妇女面临的问题。此外，妇联应注重对女农民工特殊劳动保护等当前妇女维权的热点、难点问题进行调查研究，形成具有针对性的工作计划，分阶段地对维权工作进行评估、检验和总结，有步骤、有秩序地完成维权任务。

（五）加强女农民工的法律意识和自我保护意识

女农民工特殊劳动保护工作是一项系统工程，实践证明，女农民工的自身素质，决定了她们自我保护意识的程度。不断提高女农民工的文化水平和法律素质，是她们争取主动维权的基础和前提。因此，女农民工要主动学习有关特殊劳动保护的法律法规，增强自我保护能力，使自己既能遵纪守法，又懂得用法律武器维护自身的合法权益。在自身合法权益遭受侵犯的情况下，女农民工不应一味忍让，而应勇敢采取行动，积极寻求工会、妇联等外界组织的帮助或者向劳动监察部门投诉。因为，一再的隐忍只会放纵企业的违法行为，而丝毫不会改善自身所处的境遇，只有运用法律手段才能帮助女农民工实现维权的目标。法律意识的觉醒是采取维权行动的先导，女农民工特殊劳动保护事关女农民工的切身利益，因此，她们应自觉提高维权意识，大胆地对企业违法行为说"不"。广大女农民工应不断领悟到"为权利而斗争"不仅仅是一句口号，它更多的需要付诸实践。

参考文献：

[1]刘声：《进城务工妇女调查："做梦都想在城里安个家"》，《中国青年报》，2006 年 10 月 3 日。

[2]李慧英主编：《社会性别与公共政策》，北京：当代中国出版社，2002 年版，第 161 页。

专题八　农民工子女义务教育问题

随着改革开放进程步伐的加快，越来越多的农村剩余劳动力涌向了城市，把城市当作他们发家致富、实现小康的目的地。于是，一支庞大的、新生的劳动力大军产生了，而随着它规模的不断扩大，这支新生的劳动力大军就越来越成为社会关注的焦点，而对他们自身特别关注的随同自己进城子女的受教育情况，更是成为了全社会关注的重中之重。因为农民工子女①的受教育情况不仅直接影响着农民工家庭今后的发展、今后的社会地位，更影响着全社会后备劳动力的教育素养、知识结构，所以从这个意义上讲，农民工子女的教育问题，不仅是农民工家庭自身的事，更是国家发展的事。因此，必须将农民工子女的义务教育当作一件大事来抓，否则，不仅耽误这一代农民工子女的教育，使他们重蹈他们父辈的艰辛生活，而且也影响着国家未来的发展方向。但从现阶段我国农民工子女受教育的情况来看，还存在许多不

---

①　农民工子女可分为留守儿童与流动儿童，在此，作者仅就流动儿童的受教育情况做出论述，所以，本文所提到的农民工子女均指随同农民工一同进城的流动儿童。

尽如人意的地方,需要全社会协同解决。

一、农民工子女教育问题产生的背景

农民工子女教育问题是农村人口大量向城市流动,在城市定居、工作、生活以后所衍生的一个问题。在20世纪80年代,该问题尚未显现出来,主要是和当时的客观情况相联系的,随着当时进城务工的那部分农民年龄的增长,以及社会的不断发展、户籍政策的松动、城市化进城的加快等,农民工子女教育问题在20世纪90年代中后期日益凸显,造成该问题出现的背景主要包括以下几个方面:

(一)现行城乡的二元社会结构

所谓二元社会结构是指我国城市居民和农村人口,因为户籍或居住地制度将其区别,在劳动、收入、消费、教育、生活等方面存在着巨大的差异,形成两个相对独立的社会单元。①由于我国城乡二元社会结构的存在,农村和城市形成了城乡有别的管理体制,城乡分割的市场体系,城乡分离的工业化模式和城乡有别的投入体制。②在这种不同的社会结构下,城市享有乡村所无法比拟的特权,城市人享受着农村人无法享受到的教育、医疗、生活等方面的条件和保障,从而使城市生活对农村人口产生了巨大

---

① 陈迪平:《对我国城乡二元社会结构的反思》,《湖南社会科学》,2004年第4期。

② 王一鸣、高峰:《城乡二元结构:体制性因素和改革对策》http://www.66wen.com/09glx/gonggongguanli/xingzheng/20061001/42782.html,2006年10月1日。

的吸引力,吸引了农村人口涌入城市。因此,在中国产生了这样一种现象,表现为省内之间从农村流入城镇,从城镇流入中小城市,而中小城市的人口则往大城市和省会城市流入;表现在省际之间,就是人口向经济发达的省份涌入,比如流向东南沿海的广东、福建、浙江等省。

(二)城市化进程的不断推进

从 20 世纪 70 年代末我国实行改革开放以来,我国的城市化进程不断加快。1949 年我国的城镇人口占总人口的比重为 10.60%,而在此后的近三十年中,百分比仅仅提高了不到八个百分点。1978 年我国的城镇人口占总人口的比重为 17.90%,到了 2004 年,我国的城镇人口占总人口的比重已经达到了 41.8%,在这种情况下,大量的流动人口进入城市寻求工作。[1]并且,由于城市化进程的加速,第二产业、第三产业的蓬勃发展,也吸纳了大量的劳动力,尤其是服务业的快速发展,为越来越多的农村人口提供了就业岗位,吸引了更多的人进入城市工作。家庭化成为人口流动的新特征[2]。1997 年北京市外来人口的调查显示,外来人口家庭户占外来人口总比重的 32.84%[3],而在

----

[1] 国家教育发展研究中心:《2005 年中国教育绿皮书 -- 中国教育政策年度分析报告》,教育科学出版社,2005 年,第 112-114 页。

[2] 转引自王俊祥、王洪春:《中国流民史》(现代卷),合肥:安徽人民出版社,2001 年版,第 167 页。

[3] 北京市外来人口普查办公室:《1997 年北京市外来人口普查资料》,北京:中国商业出版社,1998 年 4 月。

此前的 90 年代初这一比例为 20%左右。根据北京市人口研究发展中心主持的 "2006 年北京市流动人口家庭户调查"项目结果显示,在抽取的 2532 户被访流动人口家庭中,举家迁徙的比例为 41.2%,其家庭结构类型以夫妇携子女和夫妇二人家庭为主。①并且,这部分家庭户有永久性迁移意向。根据一项调查表明,进城流动人口并非暂时居留城市,赚到一定数目的钱就回到农村继续从事农业生产劳作,有 50%的进城流动人口表示想居住在目前的居住地,家庭化流动的人口中 60%希望能够在城市长期居住。而在国务院发展研究中心农村部对北京流动家庭的一项调查中这一数据为 66%。在 2006 年的调查中显示,被访对象来京时间在 1 年及以上的占 86.8%,5 年及以上占 51.4%。而在上海进行的一项调查也显示,上海的流动人口来沪时间分布状况中,6 至 10 年(含 10 年)的占到了 35%,10 年以上的占到了 30%。许多在 80 年代进城务工的流动人口逐渐结婚成家,在流入地生育,他们的孩子逐渐到了上学的年龄。根据调查显示,子女在京出生、上学增长快。在被访农民工家庭的所有未成年子女(15 岁以下,包括在北京、老家及其他地方的未成年子女)中,有 22.4%出生在北京,目前在京生活的未成年子女有 35.0%出生在北京。被访家庭户中 6 至 14 岁子女在京上学的比

① 侯亚非、洪小良:《2006 年北京市流动人口家庭户调查报告》,《新视野》,2007 年第 3 期,第 61 页。

例在 30%以上,48.3%的家长打算子女升学后继续在北京上学,远远超过拟回原籍上学的比例。①与此相关的另一项调查也反映了相似的情况,即:农民工中未婚人口比例不断降低;夫妻二人同时在京流动者比例很高。过去 10 多年来,农民工中未婚者所占比例迅速下降。1994 年,北京市农民工中未婚者所占比例为 34.1%;1997 年, 该比例为 42.1%,2006 年则大幅度降至 22%。在已婚农民工中,75.3%的农民中与配偶同时在京打工。②

（三）户籍制度等一系列政策的影响

我国 1954 年的《中华人民共和国宪法》第九十条规定在"中华人民共和国有居住和迁徙的自由"。随后,大量的农村人口涌入城市,令当时社会经济条件比较落后的城市不堪重负。1958 年,中国政府正式颁布了严格限制人口流动的政策法规《中华人民共和国人口管理条例》,随后又颁布了一系列《中华人民共和国户口登记条例》等配套改革措施,明确将城乡居民分为"农业户口"和"非农业户口"两种不同的户籍,严格限制人口迁徙。在这种计划经济体制下, 特别是建立了户籍制度以后,除了考大学、参军等极少数的机会以外,农民的孩子就注定了要世世代代当农民, 被剥夺了选择职业的权利,

① 侯亚非、洪小良:《2006 年北京市流动人口家庭户调查报告》,《新视野》,2007 年第 3 期,第 61 页。

② 翟振武、段成荣、毕秋灵:《北京市流动人口的最新状况与分析》,《人口研究》,2007 年第 3 期。

严格地束缚在了土地之上。随着改革开放的进程的加快,我国政府逐渐认识到了人口流动是一个不可逆转的趋势,从一开始的限制、控制到后来的疏导、引导,逐步放开了对农村人口流入城市的限制,户籍政策渐渐放松,1982年以后,中共中央、国务院明确提出了"允许农民进城开店、设坊、兴办服务业,提供各种劳务"的社会、经济政策,农民流入城市急剧增多。90年代,中央政府和地方政府分别采取一系列措施,适当放宽对迁徙的政策限制,如"蓝印户口"制度的实施,把绝对的户口控制变为选择性的接受。2000年,国家开始取消对农民进城务工就业的不合理限制,逐步实现城乡劳动力市场一体化,积极推进各方面的配套改革,和户籍制度相关的一系列制度,比如粮油供应制度、城镇用工制度、住房制度等也随之进行了一系列的改革和变迁,政策出现了大规模的松动。先是逐渐废除了凭票证供应粮油的粮油供应制度,使农民进城后的生活问题得到了相应的解决;城镇用工制度的改变,使大量的"农业户口"的人们得到了工作的机会;20世纪90年代开始的城镇住房制度改革也极大地满足了流动人口的住房要求,从而使他们在城市居住成为了可能。这些和户籍政策相关的一系列政策的松动,使人口流动成为了可能。

二、农民工子女的入学现状

据国家统计局有关资料显示,2003年农村外出务工的劳动力已达1.14亿人,占农村劳动力的23%,其中举家在外务工的劳动力有 2430 万人,随同父母进入城市的 6 至 14 岁义务教育阶段适龄儿童约有 643 万人。①但由于种种原因,这些农民工子女在城市并未受到与城市儿童同等的义务教育待遇。2003 年,国务院妇女儿童工作委员会办公室、中国儿童中心与联合国儿童基金会公布的中国农民工子女状况抽样调查结果显示,我国农民工子女的失学率达 9.3%。在已入学的农民工子女中,半数入学不及时,"超龄"上学现象严重,近 20% 的 9 周岁的孩子还只上一二年级,十三四周岁在小学就读的占相应年龄农民工子女总数的 31% 和 10%。在 9 个被调查的城市中,近 20% 的农民工子女无法进入当地公办学校学习,6 周岁农民工子女未入学的比例达 46.9%,而在已入学的农民工子女中又有一部分因家庭困难中止了学业。②进城的农民工子女尽管入学环境并不理想,但还是不断有农民工子女涌入城市,据一份最新的资料显示,2008 年进入城市的农民工子女已达 800 万,③面对不断涌入城市的农民工子女及其并不理想的学习环境,农民工子女的教育成为人们越来越关注的焦点。

①　范先佐:《"农民工子女"教育面临的问题与对策》,《当代教育论坛》,2005 年第 2 期,第 24 页。

②　范国平、邵栀兰、余云丹:《农民工城居子女读书难问题成因探析》,《黑河学刊》2006 年第 1 期,第 122 页。

③　央行对农民工就业分布和收入的调查,2006 年第 5 期。

三、农民工子女义务教育中存在的问题

(一)户籍制度与教育制度不协调

农民工子女在城市的入学过程中，由于与其相联系的现行户籍制度滞后，许多农民工子女在城市中不能顺利入学。1958年，我国颁布了《中华人民共和国户口登记条例》，在该条例中明确规定每个公民的户籍不能随意变动，而广大适龄儿童的义务教育又与这种户籍制度密切相关，即我国的义务教育是按照每个儿童的户籍，由当地政府负责，也就是说，农村适龄儿童义务教育制度的制定、实施和经费的下拨都是由当地政府来承担。这种户籍与教育相联系的管理制度，在农民工不多的前提下，虽不科学，也可勉强实行，但在人员流动成为一种社会普遍现象之后，如果仍将义务教育与户籍制度强行联系在一起，无疑是剥夺、限制了农民工子女的受教育权。因为这种人为的受教育权的属地性，就使得农民工子女在跟随父母流动的同时，事实免除了户籍所在地政府为农民工子女提供义务教育的责任，而流入地政府又没有责任为农民工子女提供义务教育，所以，当这些农民工子女进入城市之后就会发现，他们被完全抛在了义务教育的体制之外，他们要想接受教育，只能靠家庭独立解决，而面对窘迫的家境，很多农民工子女在离开户籍所在地的同时，也就远离了学校。

(二)政府对打工子弟学校的态度处置不当

目前，很多地方政府对打工子弟学校的态度处置不

当。在对待打工子弟学校这一许多农民工子女赖以接受教育的地方，许多地方政府走向了两个极端：一是不管不问，放任自流；二是统统取缔，不留活口。我们说这两种方式都是不可取的。前一种方式使得打工子弟学校缺少规范管理，由私人随意操作，耽误的是大批农民工子女；而后一种方式危害更大，因为在不妥善解决农民工子女就学的前提下，就采取一刀切的方式，武断地取缔一切打工子弟学校，使这些无力进入公办学校的农民工子女，只能被迫辍学在家，失去了接受教育的最佳时间。事实上，对于打工子弟学校，地方政府完全可以在坚持国家办学要求的前提下，酌情放宽打工子弟学校的设立条件。这样，一方面可避免打工子弟学校处于无人管理的真空状态，使学校的创办人在营利的同时兼顾学生的利益，同时，也可充分发挥打工子弟学校对公办学校的补充功能。

（三）农民工子女在公办学校所受的待遇不公

进入公办学校的农民工子女，虽说摆脱了失学的厄运，却不得不面对老师、同学的歧视。据相关调查显示，在公办学校中，借读生与当地学生的待遇不尽相同，歧视和不公平对待农民工子女的现象也时有发生。例如，有些公办学校并不把借读生的成绩计入教师的教学考评当中，借读生成绩的好坏与教师的业绩和利益完全没有关系①,老师由此也对农民工子女在学校的学习、生活漠不关心。还有的学校人为地将学生分为"本地班"和"外地班",名为方便管理,实则造成了更大的不平等和歧视,致使一些不必要的悲剧发生。②而且,这些农民工子女在接受完义务教育后,如果想继续升学,还不被允许在城市参加升学考试,也就是说,农民工子女在初中毕业时只能有两种选择,要么回原籍参加升学考试,要么直接进入社会。

四、农民工子女义务教育中存在问题的原因

"百年大计,教育为本"。在这一教育理念的指导下,近年来,国家把农民工子女的教育问题当作一件大事来抓,并为此颁布了一系列的政策,出台了相关的法律,如2003年国家财政部等五部委发出了《关于将农民工管理等有关经费纳入财政预算支出范围有关问题的通知》、2004年的中央一号文件、2006年的《中共中央国务院关于推进社会主义新农村建设的若干意见》等,都明确提出要"保障农民工子女平等接受义务教育"。2006年9月1日,新修订的《中华人民共和国义务教育法》又明确指出:"适龄儿童、少年,在其父母或者其他法定监护人工

---

① 吕绍青、张守礼:《农民工子女教育:逐渐进入视野的研究课题》. [M/OL] http://www.txz.org.cn/blankpages/ertong_show.asp.

② 王映:《给流动人口子女以真正的教育平等 -- 由晓岚的悲剧引发的思考》,《教育导刊》,2004年第1期,第16页。

作或者居住地接受义务教育的,当地人民政府应当为其提供平等接受义务教育的条件。"至此,有关农民工子女的义务教育问题从一系列行政规定的政策层面上升到了法律的高度,具备了法律的强制效力。

国家如此重视农民工子女的教育问题,并颁布了相应的政策、法律,按说农民工子女的教育问题应当已得到解决,但事实上农民工子女的入学问题仍然存在,究其原因,主要是这些好的政策、法律没有相关的配套措施,操作性不强。如《国务院关于解决农民工问题的若干意见》中规定"输入地政府要承担起农民工同住子女义务教育的责任,将农民工子女义务教育纳入当地教育发展规划,列入教育经费预算,以全日制公办中小学为主接收农民工子女入学,并按照实际在校人数拨付学校公用经费。城市公办学校对农民工子女接受义务教育要与当地学生在收费、管理等方面同等对待,不得违反国家规定,向农民工子女加收借读费及其他任何费用。"这一政策的公布,似乎已经解决了农民工子女的入学问题,而且也解决了经费问题。但事实并非如此,因为在流入地政府看来,凭空从当地财政中多支出农民工子女的教育经费,是增加了他们的财政负担,他们更愿意把这有限的财政教育经费用在当地适龄儿童身上,如果必须让他们承担,输出地政府也应该有所分担。而输出地政府却认为,农民工为流入地的经济建设做出了贡献,由此产生的各项经济收入也都由流入地政府拿走,所以,输出地政府不可能再为这部分农民工子女承担教育经费，他们也想用有限的教育经费发展当地的教育事业。

为了减少自己的财政支出，流入地政府与输出地政府都不愿承担农民工子女的教育经费，农民工子女的受教育权也就在两地政府的相互推诿中被侵害了。而面对农民工子女受教育权被侵害的现状，却没有一个明确的法律、法规规定农民工子女该如何救济，所以，农民工子女的受教育权被侵害也就在所难免了。法律上有句名言，"无救济就无权力"，所以，要进一步解决农民工子女的教育问题，就必须出台相关的配套政策，制定具体的操作办法，同时要增强政策的可操作性。

五、实现农民工子女义务教育的对策

（一）国家应改革户籍制度，打破人为的城乡等级制度

我国的户籍制度形成于 20 世纪 50 年代，当时为了限制农民进城务工，颁布了《中华人民共和国户口登记管理条例》，该条例将中国公民划分为"农业人口"和"非农业人口"两大类，并严禁这两种身份的随意转换。这种带有世袭身份制的户籍划分成功地将农民固守在了农村土地上，但同时也在中国大地上形成了不公平的城乡二元社会结构。

改革开放以后，为了改善生活，发家致富，大量农村剩余劳动力涌向城市，但在户籍制度的禁锢下，这些农民工在没有城市户籍的现实面前，丧失了与户籍紧密相

联的一些福利保障,如就业、保险、住房、子女的入托、入学,因此,必须彻底改革现行的二元户籍制度,切断户籍身份与利益之间的关系,建立居住地户口的动态管理制度,使每个农民工及其子女都能享受到与流入地居民一样的权利。只有这样,才能有效地促进城乡人口的合理流动,为流动人口在城市就业创造条件,同时也能改变农民工子女由于户籍不同,不能享受与本地学生同等教育待遇的尴尬境地。

(二)全国应设立"教育券",实行钱随人走的新举措

《国务院关于解决农民工问题的若干意见》指出"输入地政府要承担起农民工同住子女义务教育的责任",但这一责任的承担不是凭空就可实现的,它需要有财政的支持。按《意见》的精神,农民工子女的义务教育经费应由流入地政府承担,但由于前述的原因,流入地政府又不愿承担这一责任,基于此,就必须强化中央政府对义务教育的责任,从而保证《意见》所贯彻的精神得到落实。具体而言,就是实行中央与地方相结合的办法,即中央和流入地的省级政府可通过转移支付的方式设立农民工子女义务教育专项资金,做到专款专用。为了保证专项资金在拨付过程中不被挤占、挪用,还可设立"教育券",实行钱随人走的新举措。所谓"教育券",就是指将农民工子女的个人详细资料登记造册,由农民工子女自己持有一份,当学生流动到哪儿,教育经费就跟到哪儿,这样,当学校接受农民工子女时,就可以收到的"教育

券"为据,得到相应的政府拨款,而政府也可以最终收到的"教育券"为据,由中央财政平衡全国的农民工子女的教育支出。这样既可以保证义务教育经费的合理使用,又可以促进校方办学的积极性,从而有效地避免户籍制对学生自由流动的不利限制。

(三)流入地政府应转变观念,积极接纳农民工子女入学

有些地方政府对接收农民工子女到当地公办学校上学的事很抵触,不愿多管。在他们看来,这些农民工子女的到来,增加了当地的教育成本,给当地的学校增加了负担、造成了麻烦。事实上,这些农民工子女的出现,也给当地的经济发展带来了巨大的生机。因为,这些农民工子女不是凭空出现、自己到城市上学的,他们的出现,一定是与其父母、亲友相伴的,可以说,每个农民工子女都与一个农民工家庭相伴,而每个到城市打工的农民工,都为当地的经济建设做出了自己的贡献,如果当地政府能妥善解决这部分农民工子女的入学问题,就可以解除这部分农民工的后顾之忧,使他们能更努力地投入到工作中去,繁荣当地的经济发展,从而实现流入地政府与农民工的双赢局面。为此,流入地政府应克服抵触情绪,把农民工子女的义务教育问题提升到影响当地经济发展的高度来认真对待。

另外,从这些农民工子女有可能成为当地后备劳动力这一角度考虑,当地政府也应做好接纳农民工子女入

学的工作。因为这些出生、生活在城市的农民工子女，将来回到农村的可能性不大，大多数还会继续生活在城市，哪怕是像他们的父辈一样在城市打工。近期对上海农民工子女中初中学生的问卷调查显示，这些学生中，88.6%的人希望今后在上海工作，这表明这些农民工子女八成以上的人可能继续在上海生活。他们将会成为城市未来建设中不可忽视的力量。为他们提供好的教育，将有利于提高城市新增劳动力的教育水平和综合素质。

（四）地方政府应扶持打工子弟学校，监督公办学校

对于打工子弟学校，地方政府可在坚持国家办学要求的前提下，酌情放宽打工子弟学校的设立条件，对条件比较好的打工子弟学校，提供给他们合理的办学资格，扶持这些学校的发展，同时对这些打工子弟学校一些不合理的行为，一定要坚决予以制止，这样，一方面可发挥打工子弟学校对公办学校的补充功能，另一方面也可避免打工子弟学校处于无人管理的真空状态。

另外，地方政府还应监督公办学校在招收农民工子女就学上发生的不合理的收费行为和管理行为，使它真正能够为农民工子女提供一个宽松的入学条件。

（五）公办学校应完善评价体系，公正对待农民工子女

有些公办学校，不能正确对待农民工子女，在制定评价标准时，不将农民工子女纳入评价体系之内，从而使一些教师漠视农民工子女的存在，不关心他们的学习、

生活,使农民工子女在班级中没有归属感,体会不到集体的温暖,以致出现了一些自卑心理、逆反心理,更有甚者做出了一些危害社会的举动。所以,为了促进公办学校教师能正确地对待农民工子女,就必须重新规范公办学校义务教育的评价标准,确实将农民工子女的表现纳入其中,并将其测评结果作为评价地方教育工作的重要指标。同时还应注意,在制定农民工子女义务教育评价标准时,不能过高也不能过低,过高则"欲速则不达",挫伤流入地政府改善农民工子女教育状况的积极性,过低则不能使农民工子女的学习状况得到真正的改善,因此,在制定其测评标准时,一定要符合现实情况,将"公办学校入学率"、"毕业率"、"升学率"、"社会满意度"等适当纳入评估标准中。

另外,在城市接受完义务教育的农民工子女,如果想继续升学考试,流入地政府应摒弃旧有的升学考试制度,让其参加流入地的升学考试。现在,各地的自主考试权越来越大,也就意味着各地的教材各不相同的可能性越来越大,这样,让农民工子女在接受了流入地的教育后回户籍所在地参加考试,显然对其升学考试很不公平,所以,在流入地接受完义务教育的农民工子女,应让其参加流入地的升学考试。

六、解决农民工子女义务教育的意义

(一)有助于促进教育公平,构建和谐社会

社会主义和谐社会是民主法治、公平正义、诚信友爱、充满活力、安定有序、人与自然和谐相处的社会,其中"公平正义"是和谐社会的基本特征之一。社会公平是和谐社会的基本准则,教育公平是社会公平的重要基石①。自古以来,社会公平就是人们追求的理想,在古代就有"不患寡而患不均"的思想出现,而教育公平也属于社会公平的范畴。教育公平的实现直接关系到社会公平的实现,关系到社会主义和谐社会的建设。在不同的历史时期,公平都是相对的概念。我国的基础教育经过50多年的发展,在数量发展方面取得了重大的成就,但是教育公平和公正问题成为阻碍我国义务教育进一步发展的主要问题。这不仅仅包括优质的教育资源不足所引发的教育不公平问题、基础教育发展的城乡差距问题,也涉及城市边缘人群和弱势群体受教育机会和教育质量的问题。而农民工作为城市的边缘人群和弱势群体的一部分,他们的子女教育问题更加突出。教育公平包括教育权利公平、教育机会公平、教育过程公平和学业成就公平。首先,在教育权利上,他们虽然拥有国家法律规定的受教育权利,但在实际生活中,他们的权利却遭到了漠视和践踏;其次,在入学机会上,农民工子女的入学率要低于全国适龄儿童少年入学率的平均水平。特别是相对于流入地常住人口的子女,农民工子女的入学条件更加

---

① 吴启秀:《教育公平是构建社会主义和谐社会的重要基石》,《芜湖职业技术学院》,2006年第4期。

不平等。再次,在教育过程方面,很多农民工子女在条件简陋的民工子弟学校就读,教育质量无法得到保障;而在公立学校学习的农民工子女也会遭遇到不同程度和形式的歧视和不公平的对待。最后,在学业成就上,农民工子女学业成绩不佳乃至退学、辍学的现象仍不同程度地存在。因此,解决好农民工子女教育问题对于提升全民族的教育公平,都具有重要意义。在我国经济发展水平、收入水平差距都很大的今天,解决好农民工子女教育问题,实现教育公平也是实现社会公平的一个重要阶段和步骤。只有解决好这个问题,才能真正地建立起社会主义和谐社会。

(二)有助于提高全民族的文化素质,加快我国现代化进程

实现现代化是我们坚定不移的国家目标。根据党和国家制定的战略步骤,我国将在 2050 年前后达到世界中等发达国家水平,基本实现现代化。自前,我国已经开始向这个目标迈进,它是以世界发达国家和中等发达国家为参照的,现代化包括了多种衡量指标,其中包括公共教育费用、人均公教经费、大学普及率、识字率等多项指标。而目前我国人均公教费、大学普及率等指标和发达国家仍有较大的差距①。农民工子女这个群体规模巨大,他们的教育问题关系到全民族的文化素质。一个向

———————

① 《中国现代化的现状概述》,《2006 年中国现代化报告》(3)。

前发展的民族一定是个文化素质比较高的民族,创造了辉煌文明的民族一定是具有较高文化素质的民族。要实现我国的现代化,必须全面普及义务教育,进一步加快大学普及率,加大教育经费的投入,对于规模庞大的流动人口子女而言,普及这部分人的义务教育,对于提高整个民族的文化素质,加快我国的现代化进程都是非常必要的。

参考文献:

[1]转引自王俊祥、王洪春:《中国流民史》(现代卷).合肥:安徽人民出版社,2001 年,第 167 页。

[2]北京市外来人口普查办公室:《1997　北京市外来人口普查资料》,北京:中国商业出版社,1998 年 4 月。

[3]侯亚非、洪小良:《2006　年北京市流动人口家庭户调查报告》,新视野,2007 年第 3 期,第 61 页。

[4]陈迪平:《对我国城乡二元社会结构的反思》,《湖南社会科学》,2004 年第 4 期。

后　记

　　《和谐社会构建中的农民工权益保护》一书,由山西省社会科学院院长李中元提出总体研究思路,由党建政法研究所所长李书琴研究员和山西轩明律师事务所郭平珍主任设计研究和写作提纲,并负责对全书进行审稿、统稿工作。

　　其中,具体分工执笔:专题一,改革开放以来农民工流动就业政策演变(王华梅);专题二:金融危机对农民工流动就业的影响(常瑞);专题三:农民工流动就业问题(温万名、马绍明);专题四:农民工法律援助问题(张寒);专题五:农民工养老保障问题(李书琴);专题六:农民工社会保险问题(秦永雄);专题七:女性农民工特殊权益保护问题(刘碧田);专题八:农民工子女义务教育问题(侯玉花)。

　　本书由李书琴、侯玉华负责统稿。初稿完成后,轩明律师事务所的几位资深律师结合他们的法律实践,从法学的视角对书稿进行了认真细致的修改,使本书不仅具有理论研究意义,更增加了实践的可操作性;在本书的出版过程中,山西省人民出版社的领导和责任编辑员荣亮老师给予了大力支持,在此一并表示衷心感谢!